예술치료사
어떻게
되었을까
?

꿈을 이룬 사람들의 생생한 직업 이야기 19편

예술치료사 어떻게 되었을까?

1판 1쇄 찍음 2019년 02월 08일
1판 3쇄 펴냄 2022년 06월 28일

펴낸곳	㈜캠퍼스멘토
저자	김성경
책임 편집	이동준 · 북커북
진행 · 윤문	북커북
연구 · 기획	오승훈 · 이사라 · 박민아 · 국희진 · 김이삭 · ㈜모야컴퍼니
디자인	㈜엔투디
마케팅	윤영재 · 이동준 · 신숙진 · 김지수
교육운영	문태준 · 이동훈 · 박홍수 · 조용근
관리	김동욱 · 지재우 · 임철규 · 최영혜 · 이석기 · 임소영
발행인	안광배

주소	서울시 서초구 강남대로 557 (잠원동, 성한빌딩) 9층 (주)캠퍼스멘토
출판등록	제 2012-000207
구입문의	(02) 333-5966
팩스	(02) 3785-0901
홈페이지	http://www.campusmentor.org

ISBN 978-89-97826-28-5 (43180)

현직
예술치료사들을
통해 알아보는
리얼 직업
이야기

예술치료사
어떻게

How did they become Art therapists?

되었을까?

CampusMentor
캠퍼스멘토

" 도움을 주신 예술치료사들을 소개합니다 "

남희경 교수

- 현) 한국예술심리치료연구소 소장
- 현) 명지대학교 예술심리치료학과 겸임교수
- 뉴욕 North General Hospital 정신과 심리치료사
- 가톨릭대학교 심리학과 상담심리전공 박사
- Antioch New England Graduate School
  응용심리학과 무용동작치료전공 석사
- 국가평생교육진흥원 심리학 복수전공 학사
- 한양대학교 무용학과 발레전공 학사
- 미국공인 무용동작치료전문가(BC-DMT)
- 뉴욕주공인 예술치료사(LCAT)
- 미국공인 상담가(NCC)

길은영 교수

- 현) 숙명여자대학교 미술대학 회화과 겸임교수
- 현) ㈜향나무 아카데미 원장
- 현) 사회적협동조합, 마음치유의 길 이사장
- 현) 길은영심리상담센터 대표
- 종로구 통합사례관리 위원
- EBS 〈달라졌어요〉 미술치료전문가
- 숙명여자대학교 아동심리치료 박사
  숙명여자대학교 미술학 석사
- 전문예술심리상담사 (사)한국표현예술심리치료협회, 한국표현예술심리치료학회
- 미술심리상담수련감독자 (사)한국아동미술심리치료협회, 한국심성연구원

최대헌 박사

- 현) 심리극장 청자다방 대표
- 한국드라마심리상담협회 회장
- EBS 라디오 〈행복한 교육세상〉 상담패널
- 드라마심리상담수퍼바이저
- 드라마코칭상담전문가
- 드라마퍼실리테이터전문가
- 강남대학교 사회복지대학원 사회복지학 박사

홍혜교 소장

- 현) 밝은마음 아동청소년 상담센터 소장
- 전) 영동대학교 사회복지학과 강사
- 전) 산업기술대학교 평생교육대학원 강사
- SBS 〈긴급출동 SOS 24〉, MBC 〈오늘아침〉,
  iTVFM 〈여기는 상담실입니다〉 자문위원
- 숙명여자대학교 아동복지학과 아동심리치료 전공
  석·박사
- 숙명여자대학교 아동복지학과 졸업
- 청소년 상담사 1급 (여성가족부)
- 놀이심리상담사 1급 (한국놀이치료학회)

조은경 치료사

- 현) 다솔아동청소년 발달센터 음악치료사
- 명지병원 예술치유센터 치매노인 뇌활성 프로그램
  음악치료 협동치료사
- 강남성심병원 신경정신과 폐쇄병동 음악치료사
- 요셉의원 노숙인들을 위한 음악치료수업 음악치료사
- 미추홀국악 관현악단 단원
- 이화가야금합주단 단원
- 이화여자대학교 한국음악과 학사
- 대한음악치료학회 음악치료사 2급 자격증

이봉희 교수

- 미국공인문학치료전문가(CPT)
- 미국공인저널치료전문가(CJT) 및 공인수퍼바이저
- K. Adams의 공인저널치료(R)지도사(CIJTTS)
- 상담심리사(한국상담심리학회)
- 전) 나사렛대학교 영어학과/대학원 문학치료학과
  주임교수
- 현) 나사렛대학원 문학치료학과 명예교수
- 한국글쓰기문학치료연구소 소장
- 영문학박사/상담심리학석사/시인/작가
- NAPT(전미문학치료학회)공식한국대표역임
- 한국문학치료학회 임상부이사
- The Chase Manhattan Bank/중국대사관(대사비서실)
- Univ. of Denver 연구/교환교수
- Univ. of Southern California 대학원 영문과
- 성균관대학교 영문학과
- 가톨릭대 상담심리대학원 상담학과

이 책의 구성

Chapter 2

예술치료사의 생생 경험담

Chapter 3

예비 예술치료사 아카데미

예술치료사,

어떻게
되었을까
?

예술치료사란?

예술치료사는
사회적, 심리적, 정서적 문제를 안고 있는 내담자들에게
예술 활동을 통해서 갈등 문제를 분석, 진단하고
치료하는 자이다.

출처: 워크넷 직업정보

'예술치료사'라는 직업은 현재 국내·외에서 다양한 형태로 존재한다. '통합예술치료사', '표현예술치료사' 등의 직업은 예술의 다양한 분야를 복합적으로 다루기도 한다. '예술치료사'라는 직업에 대한 정의를 두고 예술 치료 현장은 물론 국내외 학계에서도 혼란스러운 것이 사실이다. 그래서 <예술치료사 어떻게 되었을까?>에서는 다양한 예술 분야를 복합적으로 다루는 '예술치료사'의 정보보다는, 미술, 무용, 드라마, 문학, 놀이, 음악 등 각 '예술 분야만을 개별적으로 다루는 치료사에 대한 정보를 <미술치료사>, <무용동작치료사>, <드라마심리상담전문가>, <놀이치료사>, <음악치료사>, <문학치료사>의 개념으로 제공한다.

예술치료사가 하는 일

- 사회적, 심리적, 정서적 문제를 안고 있는 내담자들에게 미술(조형)활동을 통해서 갈등문제를 분석, 진단하고 치료한다.
- 미술활동과 대화를 통해서 내담자의 심리적 문제를 진단한다.
- 미술에 대한 흥미, 인지적 발달, 정서상의 문제점 들을 파악한다.
- 진단 결과를 토대로 내담자 치료를 위한 프로그램을 결정한다.
- 내담자에게 그림완성하기, 풍경화구성하기 등 미술치료를 수행한다.
- 프로그램의 진행결과에 대해서 상담일지를 작성한다.
- 치료결과를 평가한다.
- 아동들이 갖고 있는 심리적 부적응이나 발달상의 문제를 놀이라는 매체를 통해 원인을 평가하고 진단 및 치료한다.
- 보호자 또는 아동과 상담하여 아동의 개인발달사항, 가족관계, 학습활동 등을 조사하고 기록한다.
- 각종 검사를 실시하여 심리적 문제의 유형 및 정도를 판별하고 진단한다.
- 의료진단서, 검사결과지, 상담기록지 등의 자료를 토대로 아동의 상태를 진단한다.
- 놀이기구를 설치한 놀이방에서 아동이 선택한 기구로 놀이를 진행한다.
- 사회관계 형성·유지에 필요한 능력을 진단하거나 이를 증진시키기 위해서 집단적 치료활동을 수행한다.
- 놀이치료가 끝난 후에는 아동 및 보호자를 상대로 지도활동을 하고, 결과보고서를 작성한다.
- 아동의 상태변화를 확인하고, 추후 놀이치료의 방향을 계획한다.
- 교육기관, 의료기관, 아동상담센터 등의 자문역할을 수행한다.
- 놀이기구에 관한 정보를 수집하고 직접 구매한다.
- 음악치료방법을 통해 개인의 정신적, 신체적, 정서적 이상 상태를 복원, 유지, 향상시킨다.
- 우울증, 자폐증, 기타 정신적 발육부진 환자들에 대한 정신과 의사의 일차적인 진단이 이루어진 후 해당 환자의 이상 상태를 파악하여 음악치료계획을 수립한다.
- 환자와 함께 피아노, 오르간, 북, 징, 꽹가리 등의 악기를 이용해서 즉흥 연주 및 작곡을 하면서 환자의 음악적 표현을 이끌어내고 음악연주를 통해 나타나는 환자의 상태를 진단·평가한다.
- 환자의 진단 결과를 정리하여 보호자에게 선달하며, 환자의 특성에 따라 음악적 치료방법을 제시한다.
- 환자의 치료 상 개선상황을 비디오 기록, 각종 파일형태로 지속적으로 관리하며 환자의 상태변화를 주시하고 추가적인 치료방안을 모색하여 치료한다.
- 음악치료방법을 개발하고 연구한다.
- 정신과 의사와 더불어 음악치료와 관련된 임상사례를 연구하여 학회 등에 발표하기도 한다.

출처: 워크넷 직업정보

예술치료사의 자격 요건

─── **어떤 특성을 가진 사람들에게 적합할까?** ───

✚ 내담자의 문제점을 이해하고 분석할 수 있는 능력이 있어야 한다.

✚ 치료과정에서 발생한 여러 가지 일들을 꼼꼼히 기록·정리하는 능력이 있어야 한다.

✚ 사람에 대한 넓은 마음과 인간에 대한 존중감이 있어야 한다.

✚ 사람들과 이야기하는 것을 즐길 줄 알아야 한다.

출처: 워크넷

이 밖에도
- 사람들의 내면의 상처를 치료하고 삶의 질을 향상시키는 데 열정이 있어야 한다.
- 사람들의 고민이나 문제를 듣고 위로하는 것에 관심이 있어야 한다.
- 사람들의 문제와 상처에 동요되지 않아야 한다.
- 선택하려는 예술 분야(미술, 무용동작, 드라마, 놀이, 음악, 문학 등)에 대한 깊은 관심과 전문 지식이 있어야 한다.
- '예술'의 특징을 잘 이해하고, 내담자의 상황에 맞게 상담을 진행할 수 있어야 한다.
- 내담자의 문제와 상황을 밖으로 누설하지 않도록 주의하여야 한다.

예술치료사와 관련된 특성

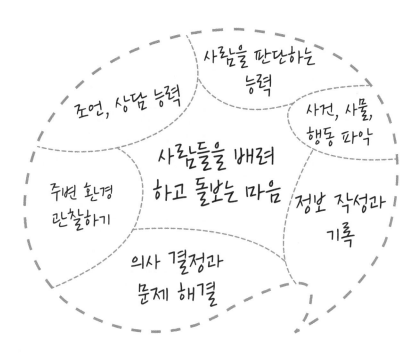

조언, 상담 능력

사람을 판단하는 능력

사건, 사물, 행동 파악

사람들을 배려하고 돌보는 마음

주변 환경 관찰하기

정보 작성과 기록

의사 결정과 문제 해결

"예술치료사에게 필요한 자격 요건에는 어떤 것이 있을까요?"

톡(Talk)!
길은영

미술치료사에게는 따뜻한 마음과
공감능력이 필요하죠.

　인간에 대한 따뜻한 마음, 공감능력, 자기를 돌보는 능력을 꼽고 싶습니다. 가장 우선적으로 생각하는 것은 사람에 대한 관심이에요. 왜 저 사람은 아플까? 지금 어떤 심정일까? 어떻게 하면 그 마음을 공감하고 이해할 수 있을까? 하는 인간에 대한 따뜻한 마음이요. 그리고 미술치료사 스스로도 좋은 사람이 되어야 합니다. 치료실에서 만나는 아이나 부모, 가족의 관계도 중요하기 때문에 사회적인 인간관계를 점검하고, 자신의 대인 관계를 활용할 수 있는 능력 또한 필요해요.

톡(Talk)!
남희경

무용동작치료사에게는 사람에 대한
진심어린 관심과 호기심이 있어야 합니다.

　기본적으로 사람에 대한 진심어린 관심과 호기심이 있어야 이 일을 오랫동안 할 수 있는 것 같아요. 심리적으로 위기를 경험하고 있는, 정서적으로 불안정한 내담자를 이해하고 보듬어주어야 하기 때문에 무용동작치료사에게는 스스로 정서적으로 안정감을 유지할 수 있는 내적인 힘이 있어야 해요. 또한 타인과의 관계에서 자신이 어떤 영향을 주고 있는지 성찰할 수 있는 내향적 성향과 친화력이 요구되는 일이에요.

드라마심리상담가는 늘 꿈을 꿀 수 있는 용기를 간직해야 해요.

 사람들과의 관계 속에서 내가 상대방에게 어떠한 영향을 준다는 사실에 매력을 느끼는 것이 중요하고, 그렇기 때문에 사람들과 어울리는 것 또한 중요합니다. 사람들과의 의사소통에서 듣고 질문하고, 상대방의 입장에서 생각해 보는 것은 진부하지만 참 중요한 자질입니다. 또, 몸으로 행동하는 것을 주저하지 말아야 해요.

 꿈을 이루는 것을 단순히 목적으로 생각하지 않고, 꿈을 꾸는 용기가 있어야 합니다. 항상 성공만을 생각하지 않고 실패를 생각할 용기도 필요해요. 마지막으로 드라마심리상담을 아우르는 많은 것에 대한 이론적 배경과 과학적 기술을 지니기 위해 공부를 게을리 하지 않는 것이 중요합니다.

신체적, 심리적으로 건강해야 건강한 놀이치료를 할 수 있죠.

 놀이치료를 하다 보면 다양한 사람들을 만나게 되고, 때로는 예측하지 못한 상황을 마주하기도 합니다. 편견이나 선입견 없이 사람을 대하고, 새로운 상황을 접했을 때 당황하지 않고 침착하게 문제를 해결하는 능력은 놀이치료사에게 중요한 부분이라고 생각합니다. 또한, 건강한 놀이치료를 하기 위해서는 놀이치료사의 신체적, 심리적 건강이 매우 중요하다고 생각해요. 놀이치료사도 살아가면서 크고 작은 개인적인 어려움에 직면하게 되는 상황들이 있죠. 그렇기 때문에 꾸준히 자신을 성찰하고 탐색하며, 전문가로서의 역량을 키워나가는 것이 필요합니다. 그래야 치료를 하면서 소진되지 않고, 건강한 치료를 할 수 있다고 생각해요.

톡(Talk)!
조은경

음악치료사에게는 강인한 믿음과
보살피기 좋아하는 성향이 필요해요.

　마치 들판이나 야산에 피어있는 야생화처럼 역경 속에서도 굴하지 않는 믿음, 아이들이 자라고 성장하며 변화하는 모습을 바라보며 기뻐하는 보살피기 좋아하는 성향, 비바람과 눈보라를 버티고도 비틀어지지 않고 옹골지게 자신의 결을 지킨 나무들처럼 거듭된 성장을 경험하는 것이 필요합니다.

톡(Talk)!
이봉희

문학치료사는 자신에 대해 끊임없이 성찰하고,
자신의 심리적 문제를 먼저 해결해야 합니다.

　늘 끊임없이 문학치료사가 되기 위해 노력할 수 있어야 해요. 전문적인 지식을 쌓는 것은 물론, 문학치료사로서 자신에 대한 끊임없는 성찰을 하며 성장하기 위해 노력해야 내담자를 치료할 수 있겠지요. 이때 상담자로서의 윤리규정을 따를 수 있어야 합니다.

　그리고 문학치료사 자신의 심리적 문제를 해결하는 것이 우선시되며, 언제라도 도움을 받을 수 있는 수퍼바이저가 있어야 해요.

　문학치료사는 다양한 책을 읽고 문학을 사랑하며 문학적 소양도 갖추어야 합니다. 다양한 문학적 자원이 풍부해야 그만큼 풍부한 문학치료를 할 수 있겠죠.

내가 생각하고 있는 예술치료사의
자격 요건을 적어 보세요!

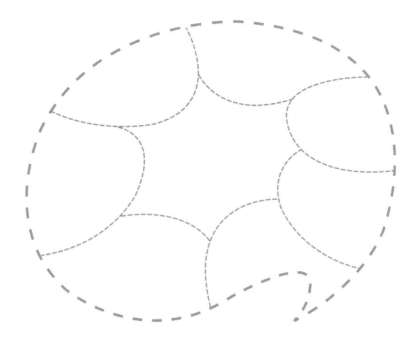

예술치료의 분류

◆ 예술치료란?

고대 사회의 예술치료는 몸을 직접 치료하는 것보다는 몸의 주인이라고 생각하는 마음을 대상으로 하는 치료였다. 사람의 마음 상태가 육체에 병을 만들어 낸다는 관점에서, 주로 주술사가 치료를 담당하는 것이 당시의 예술치료였다. 그 후 과학적 사고의 증가와 사회의 발전으로 인하여 예술치료는 사람들의 주 관심 대상에서 멀어지게 되었다. 예술 치료 연구의 시조라고도 불리는 프로이트조차도 과학적 관점과 사고로 무장하여 마음의 구조와 작동을 과학적인 원인과 관계의 틀 안에서 설명하려 노력하였다.

오늘날에는 우리가 잘 아는 '스트레스'를 중심으로 한 이론을 통해 마음이 병을 만들어 낸다는 사실이 과학적으로 증명되었고, 고대인들의 질병을 바라보는 시각이 옳았다는 것이 밝혀지면서 예술치료가 다시 관심의 대상이 되었다. 예술치료에서의 과학적 사고방식의 한계는 마음이 작동하는 것의 물리적인 구조를 설명할 때 두드러지게 나타난다. 마음은 꼭 신체적인 이유가 있어야 나타나는 인과론적인 부분이 아니기 때문이다. 물론 우리가 의도하지 않는 무의식 상태에서의 일들에 대해 마음에 대한 인과론적인 설명이 가능하다고 주장할 수는 있다. 그러나 과학은 보이는 것만을 연구하고 있다는 점에서 이 또한 한계가 있다. 이러한 한계가 존재하는 환경 속에서, 예술치료는 보이지 않는 마음과 몸의 움직임에 대해 다양한 매체와 도구를 통하여 연구한다. 사람들의 몸과 마음의 건강과 그 조화로움 속에서 각 예술분야의 특징을 살려 끊임없는 연구와 현장에서의 효과를 보여주고 있는 것이다. 예술작품은 창작자의 내면의 세계를 그려내고 있는데, 외부의 물리적인 개입이 없다면 인간의 내면을 볼 수 있는 거의 유일한 수단으로 간주될 수 있다.

참조: 정광조, 이근매 외 2인,《예술치료》, 시그마프레스

◆ 각 예술 분야별 예술치료의 정의

미술치료

미술치료란 사람들이 살아가면서 특정한 혹은 규정짓지 않는 모든 관계 내에서 병이나 심리적 스트레스, 트라우마 등을 치료하여 개인의 성장을 추구하는 사람들이 예술 작업 특히 미술 매체의 특징을 살려 치료적으로 사용하는 것을 말한다. 사람들은 치료라는 목적 하에 예술작품을 만들고 그 과정을 성찰하며 자신과 타인에 대한 이해와 인식을 높이고, 정신적인 현상들과 문제 증상들에 대한 대처 능력을 키워 간다. 즉 사물과 사람, 세상을 바라보는 인지 능력을 키워가며 예술 작업이 가져다 주는 치료의 결과로 인한 인생의 기쁨을 누리게 된다.

참조: 미국 미술치료협회

음악치료

음악치료는 사람의 정신적, 신체적인 건강을 위하여 음악이란 매체를 사용하여 치료하는 것을 말한다. 이것은 치료 환경 속에서 치료 대상자의 행동을 성찰하고 바라보며 음악치료에서 말하는 건강한 상태로의 방향으로 변화시키기 위한 목적을 가지고 있다. 전문적인 치료가 이루어지기 위하여 음악치료사는 음악의 도구를 단계적으로 사용한다.

참조: 미국 음악치료협회

문학치료

문학치료에서 말하는 '문학'은 여러 장르의 상상의 문학, 이야기, 신문 기사, 노랫말, 연극, 시, 영화, 비디오, 텔레비전 드라마, 일기 등 생각과 느낌을 이끌어 내기 위해 사용할 수 있는, 언어를 표현매체로 사용하는 것을 말한다. 문학치료는 개개인의 반응과 자기 표현을 통해 자신의 심리 문제 혹은 개인적인 문제에 대한 성장에 초점을 두는 예술치료이다. 즉 문학 자체에 초점을 맞추  기보다 내담자 자신이 문학과 대면하면서 맞닥뜨리는 메시지에 중심을 두고 있다. 내담자가 스스로를 인식하고 상담 과정에서 깨달음과 자아발견을 할 수 있도록 하는 도구로서의 문학의 가치에 중점을 두고 있다.

참조: 김춘경 외 4인, 《상담학사전》, 학지사

무용동작치료

내담자 개인의 정서·사회·인지·육체적 통합을 추구하고 촉진하는 과정에서 사람의 몸짓을 통한 메시지, 즉 동작(movement)의 메커니즘을 심리 치료에 사용하는 것으로 정의하고 있다. 예술적인 작품이나 미적 완성도를 추구하는 것이 아닌, 내담자 자체의 심리적 감정이나 메시지를 몸으로 표현하면 그 표현 동작을 상담자  가 관찰 및 감독하고 발견하며 내담자의 무의식과 의식의 안녕을 위해 상담하는 것을 말한다. 내담자의 심리적 문제를 넘어 내담자 자신의 동작을 통해 몸과 마음을 인지하고 소통하는 과정에서 통합적으로 건강한 삶을 추구하는 기법이다.

참조: 미국 무용동작치료협회(ADTA)

드라마치료

심리적 안녕을 위한 탐색기법으로, 말이나 다른 예술 매체가 아닌 '연기'로 내면을 표현함으로써 자신이 갖고 있는 심리적 문제 혹은 심리적 발전을 위한 차원을 탐구하는 기법이다. 연기로 표현하는 과정을 통하여 내재된 자신의 감정, 무의식적 충동 등을 깨닫고, 현재 문제와 관련된 기억이나 현상들을 찾아낸다. 전문 감독자, 상담자들은 이러한 내담자를 바라봄으로써 내담자가 발견하지 못한 문제와 현상들을 관찰하고, 상담한다. 또한 내담자의 문제 해결과 심리적 안녕을 넘어 자아의 소망, 발전 등의 역할을 미리 연습해봄으로써 앞으로 다가올 미래에 대한 대안을 모색하고, 건강한 방식으로 자아를 적응시킨다.

참조: 김춘경 외 4인,《상담학사전》, 학지사

놀이치료

놀이치료란 스스로의 동기에 의해 일어나고, 즐거워야 하며, 목표가 없어야 하는 '놀이'의 개념을 치료의 개념에 접목한 것이다. 놀이의 정의에 대해 프랭크(Frank)는 '어느 누구도 가르쳐 줄 수 없는 것을 아동들이 배우는 방법'이라고 설명했고, 울트만(Woltmann)은 '아동은 놀이를 통해 자신을 개념화, 구조화하며 이를 표현하는 방식을 배운다'라고 설명한 바 있다. 이러한 개념의 놀이 활동을 통해 아동들이 가진 심리적인 문제를 인지하고 건강한 방향으로 발달 시기에 적절하게 발달하도록 인지 및 인식할 수 있도록 하는 치료기법이다. 성인들은 자신이 경험하는 감정, 심리적 문제 등을 언어로 혹은 다른 매체로 표현하는 것이 대부분 용이하지만, 아동들은 언어 능력과 표현이 미숙하여 놀이를 통해 자신의 감정이나 관계를 탐색하고 표현할 수 있다. 결론적으로 놀이치료는 아동의 놀이행동에 녹아있는 심리 치료 요소를 최대한 활용하여 아동 스스로가 자신의 문제를 극복할 수 있도록 돕고, 그들에게 잠재된 가능성을 극대화하는 과정을 말한다.

참조: 김춘경 외 4인,《상담학사전》, 학지사

예술치료사가 되기 위한 과정

◆ **미술치료사가 되려면?**

대학(학사)에서 미술(회화, 디자인, 판화, 조소 등), 미술치료, 유아, 아동, 교육, 가정, 상담, 심리, 간호, 사회복지 등을 전공하고 대학원(석사 혹은 박사)에서 미술치료, 미술, 상담심리 등을 공부해야 한다. 혹은 미술치료 관련 협회의 교육과정을 수료하고 자격증을 취득하면 채용 과정을 거쳐 각 공공 기관이나 민간 기관, 병원, 치료 센터의 미술치료사로 활동할 수 있다.

◆ **무용동작치료사가 되려면?**

대학(학사)에서 무용, 심리, 사회복지, 교육, 상담, 유아, 아동, 체육 등을 공부하고, 대학원(석사 혹은 박사)에서 무용동작치료 등의 관련 전공을 공부해야 한다. 혹은 관련 협회의 교육과정을 수료하고 자격증을 취득하면 채용 과정을 거쳐 각 공공 기관이나 민간 기관, 병원, 치료 센터의 무용동작치료사로 활동할 수 있다.

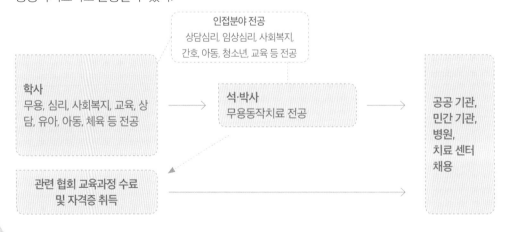

◆ 드라마심리상담가가 되려면?

대학(학사)과 대학원(석사 혹은 박사)에서 보건, 간호, 심리상담, 임상심리 등을 전공해야 한다. 이후 관련 협회의 교육과정을 수료하면 채용 과정을 거쳐 각 공공 기관이나 민간 기관, 병원, 치료 센터에서 드라마심리상담가로 활동할 수 있다.

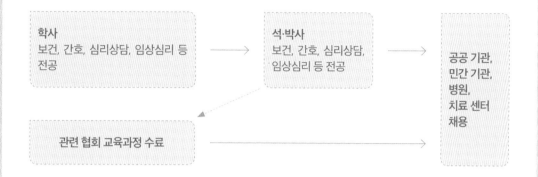

학사
보건, 간호, 심리상담, 임상심리 등 전공

→

석·박사
보건, 간호, 심리상담, 임상심리 등 전공

→

공공 기관, 민간 기관, 병원, 치료 센터 채용

관련 협회 교육과정 수료

◆ 놀이치료사가 되려면?

대학(학사)에서 상담, 아동복지 등을 전공하고, 대학원(석사 혹은 박사)에서 놀이치료를 전공한다. 이후에는 관련 협회의 교육과정을 수료하고 자격증을 취득하면 채용 과정을 거쳐 각 공공 기관이나 민간 기관, 병원, 치료 센터의 놀이치료사로 활동할 수 있다.

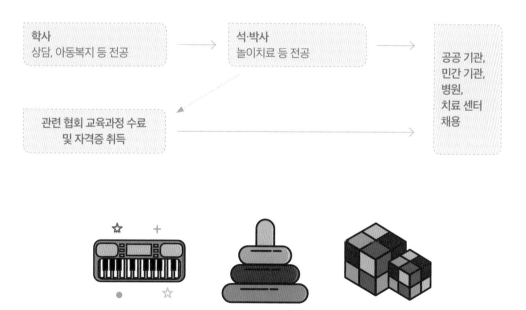

학사
상담, 아동복지 등 전공

→

석·박사
놀이치료 등 전공

→

공공 기관, 민간 기관, 병원, 치료 센터 채용

관련 협회 교육과정 수료
및 자격증 취득

◆ 음악치료사가 되려면?

　대학(학사)에서 음악(국악, 기악, 성악 등), 음악치료 등을 전공하고, 대학원(석사 혹은 박사)에서 음악치료, 음악, 상담심리 등을 전공한다. 이후에는 관련 협회의 교육과정을 수료하고 자격증을 취득한다. 협회에 따라서는 석사 이상 학력 소지자에게만 회원 자격이 주어지기도 한다. 채용 과정을 거쳐 공공 기관, 민간 기관, 병원과 치료 센터 등에서 음악치료사로 활동할 수 있다.

◆ 문학치료사가 되려면?

　문학, 시 등의 문학 수업과 상담심리학 관련 수업을 들으며 친밀감을 느끼고 익숙해지는 것이 좋다. 대학원(석사 혹은 박사)에서 문학치료를 전공해야 한다. 관련 협회의 교육과정을 수료하고 (2년 이상, 440시간 이상 과정 필수) 자격증을 취득한 후에는 채용 과정을 거쳐 공공 기관, 민간 기관, 병원과 치료 센터 등에서 문학치료전문가로 활동할 수 있다(상담사 자격증 취득자, 의료·보건 관련 공인자격증 취득자 및 의사면허 취득자는 추가 수련 시간을 통해 문학치료전문가가 될 수 있다.).

예술치료사의 좋은 점 · 힘든 점

톡(Talk)!
길은영

| 좋은 점 |

미술치료사의 가장 큰 장점은
힘든 사람을 도울 수 있다는 점입니다.

　미술치료사라는 직업의 가장 큰 장점은 마음이 힘든 사람의 곁에서 그를 도울 수 있다는 점이에요. 내담자가 자신의 삶 속에서 건강함을 되찾아 자신감을 가지고 살아갈 수 있게 하며, 가족들과의 관계를 좋아지게 하고 사회에서도 적응을 잘 하도록 도울 수 있죠. 그리고 내담자를 잘 돕기 위해서 꾸준히 공부를 하고, 그러다 보면 미술치료사 자신에 대해서도 더욱 잘 알게 되면서 성찰하는 능력이 향상됩니다. 공부를 통해 미술치료사도 성장하게 되는 것이죠.

톡(Talk)!
남희경

| 좋은 점 |

무용동작치료사는 내담자와 함께
변화와 성장을 경험할 수 있어요.

　내담자들이 치료 상담을 통해 더디고 힘들지만 조금씩 변화와 성장을 이뤄나가는 것을 목격하면서 무용동작치료사인 나 자신도 한 단계 성찰하게 되고, 함께 성장해나가는 경험을 하게 됩니다.

톡(Talk)!
최대헌

| 좋은 점 |

많은 이들에게 다양하게 적용할 수 있는 것이
드라마심리상담입니다.

　드라마심리상담의 장점은 심리상담 과정에서 내담자의 변화에 상담자가 적극적으로 영향을 줄 수 있는 것이에요. 또 내가 되고 싶거나 하고 싶은 역할의 연습을 할 수 있는 것도 장점입니다. 인생은 연습이 없잖아요? 드라마심리상담을 통해 내게 필요한 역할에 대해 생각하고 미리 연습할 수 있고, 또 그 역할이 되어봄으로써 변화한 '나'를 경험할 수 있는 것은 큰 장점이라 생각합니다.

　최근 드라마심리상담 자체에 대한 정보도 많아지고, 관심도 많아져서 실제 현장에서의 상담 요청이 많아지고 있어요. 그리고 점차 교육의 방향이 체험 위주의 방향으로 변하고 있는데, 그 변화에 맞추어 실제로 상담을 적용할 수 있는 분야가 많습니다. 드라마심리상담은 심리상담에만 국한되는 것이 아니라 교육기관, 심리치료, 코칭훈련, 지역사회, 기업체, 학교 등 다양한 곳으로의 진출이 가능해서 전망 또한 좋다고 생각합니다.

톡(Talk)!
홍혜교

| 좋은 점 |

무엇보다도 아이들과 많이 웃을 수 있는 것이
놀이치료사의 장점이죠.

　놀이치료사로서 아이들과의 놀이를 통해 저 자신이 많이 배우고, 성숙해진다고 느껴요. 놀이치료사라는 직업은 다른 직업에 비해 '나'에 대해 끊임없이 탐색하고, 수련하는 과정이 필요하니까요. 그리고 아이들을 통해 정말 많이 웃을 수 있는 점도 큰 장점이지요. 이 점이 놀이치료사들 중에 동안이 많은 이유이기도 한 것 같아요. 성인 상담과 달리 아이들과의 놀이치료 상황에서는 웃을 일들이 많거든요.

| 좋은 점 |

음악치료사는 자유롭고 효율적인 스케줄 조정이 가능한 직업이에요.

음악치료사는 스케줄 조절이 가능한 직업이에요. 내담자를 정중하게 배려하면서 나머지 시간은 나의 것으로 만드는 것이 제가 추구하는 시간 관리예요. 정시에 출근하고 퇴근해야 하는 직장인에 비해 시간을 자유롭게 또는 효율적으로 조정할 수 있다는 점이 이 일의 큰 장점이라고 생각해요. 저는 개인 작업시간이나 나만의 시간을 누리는 것이 절실한 사람이거든요. 강의나 출판 등 다른 활동을 병행할 수도 있습니다. 단조롭고 반복된 일상이 싫은 사람이라면 이렇듯 시너지를 낼 수 있는 접근 방식이 무척 마음에 들 거예요.

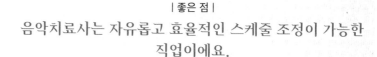

| 좋은 점 |

인공지능도 대체할 수 없는 문학치료사의 역할은 미래 전망도 밝게 하고 있어요.

문학치료사는 내면의 창조적인 자기실현을 하지 못하고 있는 사람들이 자신을 사랑하고 내면의 잠재력을 찾아 개발하고 발휘하도록 돕는 직업이라는 사실에 자긍심을 가지고 있어요. 또한 4차산업혁명 시대에 인공지능으로도 대체할 수 없는 중요한 직업이라는 점에서, 앞으로의 전망이 밝고 할 일도 많을 것이라고 생각합니다.

| 힘든 점 |
미술치료사는
끝없는 자기 성찰을 해야 하는 직업입니다.

힘든 점은 내담자를 돕고, 공부를 하며 자기 성찰을 하는 일련의 과정이 단시간에 이루어지는 것이 아니라는 점이에요. 이와 같은 일은 처음부터 되는 것이 아니기에 많은 사람들을 만나다 보면 나 자신의 상처도 마주하게 됩니다. 그 때문에 감정이 상하기도 하고, 과연 내가 치료를 잘 할 수 있을까? 갈등하며 회의하게 되지요. 이를 극복하기란 쉬운 일이 아닙니다. 마음을 다잡아서 다시 일어서고, 다시 내담자에게 도움을 주기 위해 스스로 돕는 방법을 터득해야 해요. 그리고 계속, 오랜 기간, 성실하게 공부를 해야 하죠. 공부에 들이는 기간과 경제적인 보상이 비례하지 않지만요. 그렇지만 이 시간을 견디는 것이 미술치료사의 삶이며 이를 통해 더욱 강해지는 것 또한 사실입니다.

일을 하면 할수록 보람되고 매력적인 분야이지만 그만큼 미술치료사로서 자신에 대한 성찰은 물론 건강한 마음과 몸도 필요하기에 스스로 상처를 돌보고 극복해야 하는, 어려운 직업입니다.

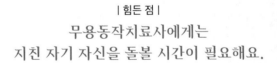

| 힘든 점 |
무용동작치료사에게는
지친 자기 자신을 돌볼 시간이 필요해요.

타인의 마음의 고통을 공감한다는 것은 불편한 일이기도 하고, 심리적 변화는 긴장을 유발하기도 하기 때문에 무용동작치료사는 정서적으로 지치고, 소진될 수 있어요. 그래서 정서적 안정감을 회복할 수 있는 자기 돌봄이 중요합니다.

| 힘든 점 |

내담자가 스스로 능동적으로 변화할 수 있도록 드라마심리상담가 자신도 능동적이어야 해요.

특히 우리나라의 교육문화상 학생은 수동적으로 받기만 하는 입장에 있었다는 게 드라마심리상담가의 가장 큰 어려움이 아닌가 싶습니다. 왜냐하면 드라마심리상담은 내담자가 극을 진행하는 입장이므로 능동적으로 상호작용해야 하고 또 그것에 매우 익숙해야 하기 때문이죠. 어떤 도구나 매체를 이용하기보다는, 내담자 자신이 도구이고 매체이기 때문에 그것을 상담으로 이끌어 내기 위해 상담자도 '능동적'이어야 하는 것이 어려운 점이 아닐까 싶습니다.

그리고 사이코드라마, 드라마심리상담이라는 용어 자체가 주는 강한 (?) 뉘앙스 때문인지 내담자들이 드라마심리상담에 선입견이나 부담감을 갖는 경향이 있습니다.

| 힘든 점 |

'상담', '놀이치료'에 남아 있는 부정적인 인식은 안타까워요.

예전보다는 많이 나아졌지만 아직도 '상담'이나 '놀이치료'는 정신적으로 큰 문제가 있는 사람들이 받는 것이라고 생각하는 부정적인 인식이 조금 안타깝습니다. 상담이나 놀이치료는 한 사람이 갖고 있는 '정신적인 문제'를 마치 염증을 제거하는 것처럼 해결하는 것과는 다르다고 생각해요. 상담을 통해 '진정한 나'를 발견하고, 나만의 문제 해결 방법을 스스로 찾을 수 있다는 것이 중요하죠.

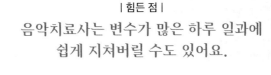

| 힘든 점 |
음악치료사는 변수가 많은 하루 일과에
쉽게 지쳐버릴 수도 있어요.

　아쉬운 점이라면 치료 시간 이외에도 간간히 내담자들을 챙기고 시간 약속을 확인해야 하며, 그럼에도 불구하고 종종 바람을 맞을 수 있다는 것입니다. 자기 시간을 효율적으로 운영하지 못한다면 들쑥날쑥한 일과에 쉽게 지쳐버릴 수도 있어요. 저는 이 일을 오래도록 하고 싶어서, 지치지 않고 즐기면서 오래도록 일을 유지하는 방법에 대해 많이 생각했어요. 감정을 소모하기만 하면 결국엔 바닥이 나게 되어 있죠. 음악치료사는 자신을 즐겁게 하면서 발전시키는 다른 활동들로 스스로를 다독거릴 수 있어야 한답니다. 그래야 일도 성징하고 나도 성장하는 거예요.

| 힘든 점 |
문학치료사는 끝없는 자기성찰과 공부로
전문성을 키워가야 하는 직업이에요.

　문학치료사는 끊임없는 자기성찰과 공부를 하며 본인의 치료과정에 대한 지도도 꾸준히 받아야 해요. 번역 작업이나 논문 집필을 통해 자신의 전문성도 지속적으로 갈고 닦아야 하죠. 짧은 역사로 인해 우리나라에서 문학치료는 다른 예술치료에 비해 인지도가 낮은 것이 사실이지만, 그만큼 공신력 있는 기관에서의 교육을 통해 자격을 취득하고 더욱 철저히 공부해야 함을 잊지 말아야 해요.

예술치료사 종사 현황

◆ 학력 분포

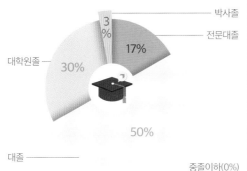

- 박사졸 3%
- 전문대졸 17%
- 대학원졸 30%
- 대졸 50%
- 중졸이하(0%)
- 고졸(0%)

◆ 전공학과 분포

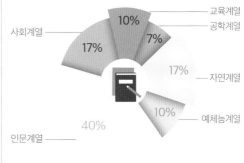

- 교육계열 10%
- 공학계열 7%
- 사회계열 17%
- 자연계열 17%
- 예체능계열 10%
- 인문계열 40%
- 의학계열(0%)

◆ 임금 수준 (단위: 만 원)

- 1,927 하위(25%)
- 2,543 평균(50%)
- 3,002 상위(25%)

◆ 직업 만족도

예술치료사에 대한 직업 만족도는
76.7% (배점 기준)입니다

직업만족도 ◀ **76.7%**

※ 직업만족도는
해당 직업의 일자리 증가 가능성, 발전가능성 및 고용안정에 대해
재직자가 느끼는 생각을 종합하여 100점 만점으로 환산한 값입니다.

출처: 워크넷 직업정보

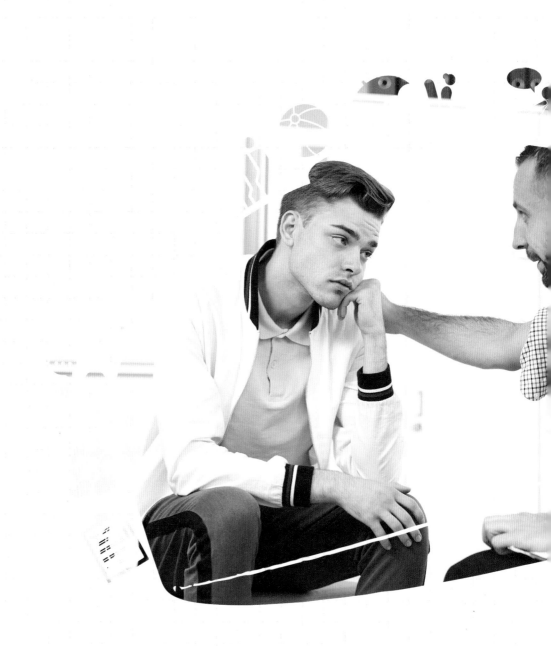

예술치료사의

생생
경험담

미리 보는 예술치료사들의 커리어패스

길은영 미술치료사 | 숙명여자대학교 미술학 석사, 아동심리치료 박사 > 명지대학교 사회교육대학원 예술치료학과 객원조교수

남희경 무용동작치료사 | 한양대학교 무용학과 발레전공 학사 > 뉴욕 North General Hospita 정신과 심리치료사

최대헌 드라마심리상담가 | 7급 사회복지 전문 공무원 > 강남대학교 사회복지대학원 사회복지학 박사

홍혜교 놀이치료사 | 숙명여자대학교 아동복지학과 학사 > 숙명여자대학교 아동복지학과 아동심리치료 전공 석·박사

조은경 음악치료사 | 이화여자대학교 한국음악과 학사 > 미추홀국악 관현악단 단원

이봉희 문학치료사 | 성균관대 영문학 박사
Univ. of Southern California 영문학석사
가톨릭대 상담심리대학원 석사 > 나사렛대학교 대학원 문학치료학과 주임교수

숙명여자대학교 미술대학
회화과 겸임교수

현) ㈜향나무심리상담센터 대표,
길은영심리상담센터 대표

가톨릭대학교 심리학과
상담심리전공 박사

현) 한국예술심리치료연구소 소장

한국드라마심리상담협회 회장

현) 심리극장 청자다방 대표

영동대학교 사회복지학과 강사

현) 밝은마음 아동청소년 상담센터 소장

강남성심병원 신경정신과
폐쇄병동 음악치료사

현) 다솔아동청소년 발달센터 음악치료사

미국공인문학치료 전문가(CPT)
저널치료전문가(CJT) 및 수퍼바이저
상담심리사

현) 한국글쓰기문학치료연구소 소장

미술을 좋아했지만 예술고등학교 진학을 포기하고 일반 인문계 고등학교에서 국문과를 목표로 진학을 준비하다가 결국 미술에 대한 미련을 버리지 못하고 재수를 해 미술대학 서양학과에 입학했다. 대학원에 진학하면서 학비와 생활비를 충당하기 위해 아동미술교육을 하게 되었는데 이때부터 미술치료에 대해 본격적으로 관심을 가지게 되었다. 정신분석, 인본주의, 분석심리학 등 심층심리학을 공부하고 미술의 치유적 기능이 인간에게 미치는 다양한 영향을 연구하면서 미술치료사가 되었다. 현재 심리센터에서 미술치료를 하고, 대학에서 미술치료사를 위한 전공수업을 하며 후학을 양성하고 있다.

미술은 마음의 문을 열어주는 최고의 도구이자, 말로 표현하지 못하는 마음을 알려주는 최고의 언어라고 생각하며 나 자신이 계속 성숙해질 수 있도록 노력하며 살아가고 있다.

미술치료사

길은영 교수

현) ㈜향나무 아카데미 원장

현) 사회적협동조합, 마음치유의 길 이사장

현) 길은영심리상담센터 대표

현) 숙명여자대학교 미술대학 회화과 겸임교수

- 종로구 통합사례관리 위원

- EBS <달라졌어요> 미술치료전문가

- 숙명여자대학교 아동심리치료 박사

- 숙명여자대학교 미술학 석사

- 전문예술심리상담사

　_(사)한국표현예술심리치료협회, 한국표현예술심리치료학회

- 미술심리상담수련감독자

　_(사)한국아동미술심리치료협회, 한국심성연구원

미술치료사의 스케줄

길은영
미술치료사의
하루

19:00 ~ 21:00
▶ 퇴근한 직장인 상담

21:00 ~ 23:00
▶ 휴식

07:00 ~ 10:00
▶ 출근준비

18:00 ~ 19:00
▶ 저녁식사

10:00 ~ 12:00
▶ 성인 상담

13:00 ~ 18:00
▶ 아동, 청소년 상담

12:00 ~ 13:00
▶ 점심식사

더불어
잘 살 수 있는
가치 있는 일을
찾다

▶ 전국어린이미술대회에서 대상을 탄 날,
바쁜 부모님 대신 할머니와 함께

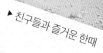

▶ 친구들과 즐거운 한때

▶ 대학생 시절, 여행지에서

학창시절에는 공부보다는 노는 걸 좋아했지요. 하지만 활달하게 뛰어다니기보다는 조용히 놀기를 좋아하는 내향적인 아이였어요. 조용한 편이었는데도 항상 학급 임원을 했는데, 저의 장점이라면 반 아이들 60명과 모두 인사하고 대화를 나눌 수 있는 점이었고, 늘 뜻밖의 친구가 저를 추천하여 학급 임원이 되었던 것 같아요.

내향적이었던 초등학생 시절을 지나 중학교에 가서는 활발하게 친구들과 몰려다녔고, 고등학교 때는 소수의 친구들과 깊이 있는 교류를 하였습니다. 대학 시절과 이후에도 친구들과는 정기적으로 연락을 하면서 지내고 있어요.

한편, 집안 형편은 어려웠습니다. 경제적으로 어려워서 공부를 해서 보탬이 되어야 한다, 혼자 독립해야 한다는 생각이 강했습니다. 아버지는 성직자셨고 어머니는 전업주부셨습니다. 아버지는 늘 공부를 하셨는데 직업적인 것보다는 당신의 학업에 더 관심이 많은 분이셨고, 어머니는 돌봄의 윤리를 실천하던 분이시죠.

Question 학창 시절, 장래 희망은 무엇이었나요?

부모님은 제가 안정적인 일을 하기를 원하셨지만, 딱히 어떠한 직업을 갖는 것에 기대를 많이 하지는 않으셨어요. 저는 다소 엉뚱한 면이 있었는데 트럭운전사가 되거나 미용실에서 일해보고 싶었고, 또 화가가 되는 것이 꿈이었습니다.

Question 어떻게 대학에서 미술을 전공하게 되었나요?

저의 고등학교 시절에는 고등학교가 인문계와 실업계 두 계열 밖에 없었어요. 자연히 인문계로 진학하였습니다. 당시에도 예술고등학교가 드물게나마 있었기 때문에 저도 예술고등학교에 진학하고자 했지만 부모님의 반대로 인문계 고등학교에 진학하게 되었습니다. 미술을 못하게 되니 고등학교 때는 매우 우울했던 것으로 기억해요.

고등학생 때는 국어와 글쓰기를 잘하여 글짓기로 칭찬도 많이 받았어요. 책을 좋아하고 많이 읽어서 국문학과를 1지망으로, 사회학과를 2지망으로 지원했지요. 하지만 고3 때 대학 진학에 실패했고, 재수를 하면서는 제 의지로 미술을 시작했어요. 하고 싶은 전공을 위해 재수를 선택하고, 단과반 공부와 실기를 병행하면서 매우 힘들었지만 행복하고 열정적인 재수 시절을 보냈습니다. 그렇게 재수 시절을 보낸 후에 마침내 미술대학 서양화과에 진학하였습니다.

Question 대학 시절, 기억에 남는
교내·외 활동이나 에피소드가 있으신가요?

대학에 진학해서는 다시 딜레마에 빠졌는데요. 그토록 원하던 미술이었지만 기대하던 전공과 실제 수업은 좀 달랐어요. 미대 수업은 각자 자신의 작업을 하고 합평을 하며 작가로서 길을 열어가는 수업이었는데, 저는 그보다는 타과의 교양 과목에 관심이 많았고, 시를 즐겨 읽으면서 인문학에 대한 관심을 놓지 못하고 있었습니다.

3학년이 되어서야 학과 친구들이 생기고 적응하면서 과대표도 맡고 전공에 집중하게 되었어요. 학과 내의 특별한 활동은 없었는데, 다만 과내에서 어떤 의견을 모으고 결정을 해야 하는 일이 있을 때, 과대표인 저는 일일이 학생들의 작업 공간을 찾아다니며 개인적으로 각자의 의견을 묻고 대화하는 방식으로 일했다고 주변에서 이야기하더군요. 그것이 다른 과대표들과 다르다면 다른 저만의 방법이었던 것 같습니다.

Question 대학교 졸업 후의 진로 계획은 어떻게 세우셨나요?

대학 4학년 때가 되어서야 작품 활동에 집중하면서 예술 작가로 살겠다는 생각을 했고, 대학원 진학과 유학을 놓고 갈등하다가 대학원에 진학하기로 했어요. 대학원에서는 작가가 되기 위해 정말 열심히 작업했어요. 개인전과 그룹전을 하였고, 동료들과 작업실을 구해서 일을 하기도 했지요.

Question 현재의 직업을 꿈꾸게 된 계기는 무엇인가요?

대학원에 다닐 때 작업실을 열었는데, 월세를 충당하기 위해 아동미술교육을 하게 된 것이 시작인 것 같습니다. 아이들과 함께 하는 미술 작업은 제 작업과는 다른 방법과 태도가 필요했기에 혼자서 수업 계획을 짜고, 학부모님과 대화하고, 아이들과도 재미있게 놀아야 하는 등 여러 가지 준비와 공부가 필요했지요. 이때 즐겁고 보람 있는 시간을 보냈고 제법 경제적인 여유를 가지기도 했어요. 그러다 미술교육을 받지 못하는 장애 아동에 대한 관심이 생겼고, 그 아이들을 위한 미술교육 봉사를 하게 되면서 미술치료를 시작하였습니다. 진로를 결정할 때는 하고자 하는 일의 미래의 전망을 살펴보고, 경제적인 측면보다도 그 일이 얼마나 가치 있는 일인지, 함께 잘 살 수 있는 일인지를 기준으로 삼고 고려했어요.

아직 '미술치료'란 말을 몰랐을 때 외국에 거주하던 한 친구가 이런 것이 있다면서 소개해 준 것이 시작이었습니다. 그 후 미술치료를 어디서 배울 수 있을까 하고 찾아다니다가 학회의 세미나에 참석하게 되었고, 거기서 저와 같은 사람들이 모여 분과 모임을 시작하면서 미술치료를 본격적으로 공부하게 되었습니다.

Question 진로 선택에 도움을 주신 분이 계신가요?

미술치료사가 되기로 마음먹고 공부를 시작할 당시는 미술치료가 국내에 자리 잡기 전이었고, 외국에서 공부를 하고 오신 교수님이 대학의 부설 기관인 평생교육원에서 미술치료교육과정을 열어 교육을 시작할 무렵이었습니다. 저는 교육과정을 밟는 동안 미술 작업을 통해 자신을 살펴보고 타인도 돌볼 수 있다는 확신을 가졌어요. 자원봉사를 하면서 수집했던 아동미술치료 사례를 연구하며 지도교수님께 지도받은 적이 있는데 이후에도 지도교수님은 제가 미술치료를 하면서 심리적으로 흔들리거나 확신이 부족할 때마다 저를 지지해주고 여러 가지를 안내해 주셨습니다. 또, 당시에 함께 공부를 시작했던 동료들은 정신분석가, 미술치료사, 대학원의 교수가 되어 있어요. 저는 그들과 함께 미술치료사의 길이 외롭지 않도록 서로 의지하고 터놓고 어려움을 나누면서 성장해 왔지요. 그리고 미술치료사가 되기 위해서는 자기 성찰이 필수인데 개인 분석을 하면서 나 자신에 대해 더욱 깊이 알아가는 시간을 함께해 주셨던 분석가 선생님도 많은 도움을 주셨습니다.

미술치료사라는 직함을 가지게 되니 책임감이 생겼고, 말 그대로 전문가가 되기 위해서는 계속 노력을 해야 하기 때문에 정신분석, 인본주의, 분석심리학 등 심층심리학 공부를 하였습니다. 그리고 미술의 치유적 기능이 인간에게 미친 영향도 연구했어요. 현재 미술치료는 개인치료를 우선으로 하고 있지만, 개인이 사회에 미치는 파급효과가 크기에 사회 속에서 미술치료가 기여하는 부분에도 관심을 갖게 됩니다. 저는 계속해서 그런 부분을 지켜보고 있어요.

Question 학창 시절 및 이전의 커리어가
현 직업에 미친 영향은 무엇인가요?

사람에 대한 호기심이나 사회에서 일어나는 일들에 관한 관심이 늘 많았고, 손으로 만들거나 그림을 그리는 일을 좋아했어요. 그리고 작품을 보면서 교감하는 것을 즐기는 마음 등이 현재의 미술치료사 일을 하는 데 많은 도움이 되었습니다.

미술치료,
평생
공부해야 하는
고된 일

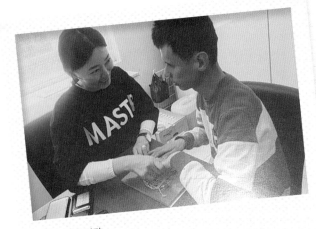
▶ 미술치료 현장

▶ EBS <달라졌어요>에서
미술치료전문가로 활약하던 모습

▶ 부부상담에도 활용되는 미술치료

현재 하고 계신 업무를 소개해 주세요.

제 상담센터에서 미술치료를 하고, 대학에서 미술치료사를 위한 전공 수업을 합니다. 외부 기관에서 후학을 양성하는 일도 하고 있고요. 최근에는 여러 사회적인 관심의 사각지대에 있는 사람들에게 미술치료로 도움을 주고자 프로젝트 팀을 만들어 현장으로 가는 일도 하고 있습니다. 예를 들면, 비행청소년을 위해 검찰청과 연계해서 미술치료를 진행하거나, 학교폭력 예방을 위해 중학교 전 학급을 대상으로 미술치료 활동을 한다든지, 어린이집 아동 학대 문제로 아동과 교사는 물론, 부모님과 원장님까지 모두를 대상으로 미술치료를 하기도 합니다. 한부모 가정을 위한 미술치료, 대학생의 진로 탐색과 자기 역량 파악을 위한 미술치료를 하기도 하고, 탈북 가정과 탈북 청소년, 지적 장애인, 시각 장애인 등 내담자와 미술치료 주제에 따라 목표를 세우고 프로그램을 기획하여 시행하고 있습니다.

Question 미술치료사가 된 후 맡은 첫 업무는 무엇이었나요?

미술치료사가 된다 해도 모두 곧바로 치료를 시작하는 것은 아닙니다. 인턴 기간을 거쳐서 미술치료사로 활동하기까지 다양한 업무를 경험해야 하기도 하지요. 먼저 기록, 관찰, 서류 정리, 사례일지 정리 등 치료에 기본적으로 필요한 업무를 합니다. 미술치료실에서 필요한 미술 재료를 갖추고 정리하고, 또 미술치료가 끝나면 청소도 해야죠. 하하. 잘 정돈된 치료실과 미술 재료는 미술치료를 받으러 오는 사람들을 존중하는 자세 그 자체니까요.

미술치료 상담은 어떻게 진행되나요?

미술치료는 미술이란 방법으로 치료를 하는 것이고, 상담센터에 오시는 분들은 저마다의 문제를 가지고 옵니다. 가능하면 원하는 재료를 선택해서 작업을 하도록 하고, 미술치료사는 작업이 잘 이루어지도록 도와주고 바라보며 작품이 완성되면 작품에 대해 함께 이야기를 나눠요. 미술치료에서는 다양한 주제와 재료를 다루기도 하지만 특히 '재료', '활동', '결과', '나눔'으로 이루어지는 과정이 있습니다.

미술치료에서 '재료'는 재료를 선택하는 사람의 마음을 투영하기 때문에 중요합니다. 상담받기 위해 온 분이 크레파스를 선택했다면 그것은 그냥 크레파스가 아니라 파스텔, 물감, 색연필 등 다양한 미술재료 가운데 자발적으로 선택한 것이기에 그 사람 고유의 특성을 반영하기도 하지요. '활동'이란, 크레파스를 가지고 그림을 그리는 활동을 말합니다. 미술치료사는 내담자가 그림을 그리는 동안 보여주는 표정, 그림의 주제, 색채, 에너지 등을 활동 속에서 관찰하고 살펴보는데, 이것은 마치 상담에서 자신의 이야기를 말하는 것과 같은 것이기에 매우 중요한 시간입니다. 활동이 끝나면 완성된 결과물을 가지고 미술치료사와 이야기를 나누지요. 어떤 내용을 그렸으며, 느낌과 감정은 어떤지 등, 자신의 작품에 대해 상세히 나누면서 교감하고 공감하며 수용받는 시간은 '나눔'이에요.

미술치료를 경험한 사람들은 자신이 미술을 잘 못한다고 말하면서도 작업을 해 내고, 스스로 자신의 창작물에 놀라기도 합니다. 미술치료사는 그것을 지지해요. 내담자는 미술로 자신을 표현하고 다른 사람과 대화하며 그 안에서 자신이 변화하는 것을 확인하기 때문에 치료효과는 크다고 할 수 있습니다.

Question 평소 업무 내용과 일과를 말씀해 주세요

주된 업무는 미술치료입니다. 일반 직장인보다 늦게 출근하는 편이고요. 오전에 성인 내담자를 만나고 점심을 먹은 뒤 오후에는 아동과 청소년 내담자를 만납니다. 저녁에는 퇴근한 직장인 내담자들을 만나기도 합니다. 가족이 상담을 하러 올 때는 비는 시간이나 주말을 이용하기도 해요. 취미 활동으로는 영화를 보거나, 가까운 바닷가를 찾는 편이에요. 혼자만의 시간에는 차를 마시거나 멍하게 앉아서 마음을 비우는 작업을 합니다.

Question 상담을 하시면서 기억에 남는 에피소드는 무엇인가요?

특별한 에피소드가 떠오르기보다는, 여러 내담자를 만난 일이 모두 소중한 활동이에요. 그들이 상담을 받았던 사실 자체를 잊고 잘 살아가고 있을 때의 그 안도감이 오히려 제겐 더 좋습니다. 최근에는 시각 장애인, 학교폭력의 희생자, 범죄피해자와 가해자, 난치성 환자들을 만났는데 소수인 이들, 관심의 사각지대에 있는 이들에게도 미술치료가 도움이 되고 있습니다.

Question 일을 하다 힘들 때는 어떻게 극복하시나요?

꼭 휴가를 챙기려고 합니다. 틈틈이 낮잠도 자고요. 또 산책을 자주 해요. 마음이 맞는 친구를 만나거나 제게 주는 선물을 사기도 합니다. 그리고 사랑하는 사람들과 함께 시간을 보내죠.

미술치료사라는 직업만의 특이사항이 있다면요?

각 기관마다 상이한 환경인데요. 저는 복지관에서 자원봉사로 출발하여 개인 상담실을 연 경우입니다. 근무 환경은 유치원, 학교, 병원, 개인상담소, 상담센터 등 다양해요. 각 기관마다 환경과 구조가 다르고 업무도 다르지요. 상담 업무만 한다면 일지 작성과 보고서, 면담, 치료 등의 일을 하게 되고 행정 업무를 같이 하는 경우도 있습니다. 기관에서 주최하는 세미나에 참석하여 내담자를 관리하는 것을 배우기도 하고요.

다른 상담 분야와 가장 다른 점은 미술치료실의 미술재료를 관리하는 일이지요. 재료는 깨끗이 보관되어야 하고, 미술치료사는 다양하게 구비해 놓은 재료들을 창의적으로 사용할 수 있어야 합니다. 재료를 사용하기 위한 도구에도 익숙해야 하고 언제든 내담자가 원하는 것을 제공할 수 있어야 하지요. 그래서 미술치료실은 재료비가 따로 책정되어 있고, 따라서 기관장은 미술치료에 대한 이해가 필요합니다.

급여는 비율제로 지급하거나 월급을 받기도 합니다. 사실 많은 급여를 받는 직업은 아닙니다. 풍족하기보다는 부족한 편이라고 생각하는데, 그 이유는 버는 만큼 상담 공부를 계속해야 하므로 공부하는 데 드는 비용이 많기 때문입니다. 전공을 해도 관련 분야의 자격증을 딴다든지, 전문 분야의 학술제와 세미나에 참석하면서 공부를 게을리 해서는 안 되거든요.

사람을 치료하고 상담한다는 것이 그만큼 어렵고 책임감이 따르고 전문성도 따라 주어야 하기에 평생 공부를 해야 하는구나 하는 생각이 듭니다. 그리고 미술치료사가 되기 전에는 막연하게 이 일에 끌려서 열정에 의해 움직였어요. 공부를 하면서 이 일에 매료되었고 내담자가 변화하는 것에 보람과 희망을 느껴 일을 시작했죠. 그러나 본격적으로 미술치료사로서 살고 있음을 의식한 것은, 이론 공부와 배움의 경험이 현장에서 만나는 내담자에게 적용되지 않을 수 있고 결국 미술치료사인 나 자신의 태도와 자질에 상담의 향방이 달려 있다는 사실을 깨달은 때였습니다.

Question 미술치료사인 교수님을 바라보는 주변의 시선은 어떤가요?

미술치료사라고 하면, 미술을 잘 할 것이라고 하고 또 전공자라고 넘겨짚습니다. 또는 '좋은 일을 하시는군요.'하고 우러러보는 이들도 있습니다. '미술치료가 정말 치료가 되나요?' 라며 비전문적인 분야라는 반응을 보이기도 하고요. 이러한 반응들은 모두 재미있고, 미술치료사에 대한 사람들의 생각을 엿볼 수 있는 부분이에요.

또, 제가 자신들의 마음을 꿰뚫고 있을 거라고 생각해 부담을 가지거나, 무작정 상담을 해달라고 하는 등 저라는 인격보다는 미술치료사라는 직업에 자신들이 갖는 기대와 희망을 비치는 것 같다는 생각도 듭니다. 하지만 이러한 것들은 막연한 시선이에요. 미술치료사라도 시간과 관계가 형성되기 전까지는 상대의 마음을 모를 뿐더러 상담은 수다가 아니라 전문 영역이기 때문에 조건이 갖추어져야 시작되죠. 간혹 마음이 약해져서 (미술치료사들은 좋은 사람들이 많아요. 거절에 약하기도 하고요~) 사석에서 상담 아닌 상담이 되는 경우가 생기는데 조언과 멘토링은 할 수 있으나 상담은 전문영역이니 더 깊게는 들어가지 않으려고 합니다. 이 때문에 서운해 하는 분들도 있지만 확실히 구분을 짓는 것도 중요하다고 생각합니다.

미술치료사로서 느끼는 보람은 무엇인가요?

상담실에 온 단 한 사람이 변화한 것일 뿐인데도 그것이 물결처럼 퍼져 나가 친구 관계, 대인 관계, 가족 관계가 좋아질 때 치료의 힘은 참 크고 보람이 있다고 생각해요. 내일이 누군가를 변화시키는 힘이 있는 일이고 이것이 나의 재능이구나, 이 재능으로 누군가를 도울 수 있구나 하고 생각하면서, 삶의 가치를 발견할 때 보람을 느낍니다. 그리고 이런 보람을 느낄 때, 인간이 변화 가능한 존재이고 희망의 삶을 살 수 있음을 깨닫고 제게 주어진 재능을 의무로서 다시 한 번 생각해 보게 됩니다.

특히 보람을 느꼈던 사례를 꼽자면, 왕따를 당하던 소녀가 미술치료실에 의뢰를 해 왔습니다. 담임교사는 소녀뿐 아니라 학급 아이들도 함께 봐달라고 했죠. 소녀 한 명만을 놓고 보면 한부모 가정에 경제적 형편도 어렵고 공부를 잘 하지 못하는 것에만 치중해서 미술치료를 진행할 수 있습니다. 하지만 학교에 가서 그 소녀가 있는 학급 전체에 미술치료를 진행했을 때 소녀의 고통과 반 아이들의 문제가 동시에 보였고, 서로에게 할 말과 해야 할 일들을 생각하고 함께 이해하며 수용하는 작업을 했어요. 이리하여 한 해를 잘 보내게 된 교사와 학생들의 사례는 오래도록 기억에 남습니다.

▶ 대화가 함께하는 집단 미술치료

나를 돌아보고
타인을 돌보며
함께 걷는 길

▶ 서로의 작품을 바라보며 내면을 헤아리는 시간

▶ 창의적인 미술치료 연구

Question

미술치료의 장점과 아쉬운 점은 무엇이라고 생각하시나요?

역시 미술은 마음의 문을 열어주는 최고의 도구이자, 말로 표현하지 못하는 마음을 알려주는 최고의 언어라고 생각합니다. 말이 필요 없고, 말을 대신하며 고통과 상처, 아픔, 감정, 기쁨, 행복까지도 보여주는 것은 미술과 미술치료의 장점이죠.

또한 미술치료는 평생 동안 정답이 아닌 저마다의 해답을 찾는 창조적인 일이라는 점도 장점이에요. 반면 생각보다 이 일이 만만치 않고 경제적인 측면에서도 많은 벌이가 되지 않는다는 것은 아쉬운 점이라고 할 수 있죠. 하지만 그런 아쉬운 점도 있기에 나 자신이 계속 성장하고 성숙해질 수 있고, 성공적인 삶을 살아내고 있다는 것은 장점이기도 하네요.

Question

교수님의 삶의 비전은 무엇입니까?

우선 미술치료사로서의 비전은, 보다 많은 사람들이, 즉 마음이 아픈 이들이 미술이라는 매개체로 자신을 들여다보고 인식하고 성찰하면서 스스로 치유 능력이 생기도록 돕는 것입니다.

그리고 이러한 비전을 위해 개인적으로는 건강하고 원만해지려고 하고, 일상에서 작은 행복을 놓치지 않으려고 노력합니다. 또 개인적인 공간을 확보하여 그 공간에서 다양한 사람의 수만큼 다양한 마음의 상처에 어떻게 접근할지를 생각하며 책을 보거나 영화를 보면서 연구하고 있습니다.

삶의 비전을 위해 대외적으로는 사람들이 어떤 아픔을 갖고 있는지 호기심을 가지고 찾아보고, 사회문제에 더욱 민감하게 접근합니다. 제가 성장하던 시기와 다르게 사회는 점차 빠르게 변화하고, 그에 따른 사람들의 내적인 갈등과 심리적인 문제도 변화하고 있어요. 상담 공부를 하고 연구를 하다 보면 그러한 변화의 흐름, 소위 트렌드를 무시할 수 없어요. 세대 간 차이와 다름을 알아보고 그 간격을 좁히려고 노력하고 있습니다. 치료실 안에서 치료하는 것을 삶의 중심에 두고 있지만 크고 작은 프로젝트를 기획해서 다른 미술치료사들과도 회의를 거쳐 가족 캠프, 학교 방문, 기관에 필요한 프로그램 등을 개발하고 실천하고 있어요.

대한민국에서
미술치료사로 살아간다는 것은 어떤 것인가요?

대한민국은 다른 나라와 다르게 분단국가의 상처가 있어서인지 치유에 민감한 것 같다는 생각을 해 봤습니다. 입시 제도가 만든 교육 환경으로 인해 자유롭게 성장하기 어려운 현실에서 많은 발달기의 아동과 청소년들이 마음의 상처를 입는 것 같고요. 미술치료사로서 역할을 다할 수 있는 영역이 많죠.

모두가 미술치료사가 될 수는 없지만 미술치료사가 미술치료를 위해 하는 공부는 미술치료사 자신을 돌아보게 하기 때문에 사람을 사랑하는 마음, 자신을 더 사랑하는 마음이 있다면 적극 추천하고 싶습니다. 그리고 미술치료사가 되려면 전문적인 공부가 지속적으로 필요하므로 인내와 끈기, 그리고 훈련이 요구된다는 점도 염두에 두어야겠죠.

청소년의 진로 탐색에 도움이 될 만한 활동을 추천해 주세요

좋아하는 것을 하고, 또 잘해야 하고, 책임을 져야 직업이 되는 것 같습니다. 먼저 좋아하는 것이 무엇인지 찾고, 그것에 집중할 수 있는지, 잘하는지를 알아야겠지요. 저는 그림을 좋아했으니 틈만 나면 그렸지요.

Question

청소년들에게 추천하고 싶은 영화는 무엇인가요?

<굿월 헌팅>, <패치 아담스>, <길버트 그레이프>, <센과 치히로의 행방불명>, <제8요일>, <빌리 엘리어트> 등이요. <굿월 헌팅>은 아동기에 학대를 받고 성장한 비상한 청년의 이야기입니다. 상담자와 내담자의 관계도 드라마틱하게 그려져 있는데요. 결국 상처를 회복하는 것은 좋은 직장, 명석한 두뇌, 치료가 아니라 사랑을 하고 받는 것이라는 메시지를 담고 있습니다. 상담자의 개인적인 고뇌가 내담자의 고통과 만나는 지점도 보여 흥미로웠던 영화입니다.

<패치 아담스>는 정신과 의사가 인본주의적인 관점에서 환자를 어떻게 돌볼 수 있는지 보여주는 영화이고, <길버트 그레이프>는 불행한 가정과 문제가 있는 각 구성원들이 어떻게 문제를 안고 수용하고 극복하는지를 보여주는 영화입니다. 극적인 변화를 보여주지는 않지만 가족 모두가 주인공이라는 걸 알 수 있죠.

<센과 치히로의 행방불명>은 센과 치히로라는 주인공들의 이름이 영화 제목인 만큼, 청소년이 자신의 이름을 지어준 부모님과의 사이에서 느끼는 미묘한 심리를 환상의 세계에 잘 펼쳐놓은 수작입니다.

장애를 다룬 영화라면 <제8요일>이 아마도 원조일 것 같습니다. 장애는 틀림이 아니라 다른 것임을 알려주는 영화이지요. 미술치료사는 장애 아동부터 청소년, 성인들까지 만나게 돼요. 틀림과 다름에 대한 주제를 다룬 영화로는 <언터처블: 1%의 우정>, <그린

북(2018)>도 있습니다.

　마지막으로 <빌리 엘리어트>는 자신의 정체성과 꿈을 찾아가는 청소년의 이야기입니다. 어려운 시기에, 경제적으로도 넉넉하지 않은 빌리가 발레에 도전하고 집중하여 발레리노가 되는 이야기인데 뮤지컬로 공연되기도 하였지요.

　추천한 영화들은 모두 성장기의 청소년의 성장통, 그리고 그 가족에 대한 이야기를 다루었다는 공통점이 있네요. 하하.

미술치료사를 꿈꾸는 청소년들에게
한마디 해주신다면요?

　입시와 공부로 힘들고 부모님과 갈등을 겪거나 부모님에게 이해받지 못한다고 느낄 수도 있지만, 학교에서 맘이 맞는 친구를 찾길 바랍니다. 친구는 정말 중요해요! 저도 중학교 때 평생 친구를 만났습니다. 그리고 좋아하는 취미를 잘 간직하세요. 미술치료사가 되기 위해서는 미술을 잘하지 않아도, 미술을 전공하지 않아도 됩니다. 대신 미술관 산책을 자주 하세요. 이미지의 언어와 친해지는 거죠.

　미술치료사는 나를 알게 하는 직업이자 나의 상처를 돌아보고 치료하는 직업, 그리고 타인의 상처를 돌보고 함께 걷는 직업이니 도전해 보세요~!

차분하고 소심한 성격과 달리 춤을 출 땐 내면의 끼를 발산하던 아이
는 중학교 때 무용선생님의 적극적인 격려로 무용을 전공하게 되었
다. 대학에서 무용치료에 관심을 가지게 되었지만 국내에선 마땅히
공부할 곳을 찾지 못해 우여곡절 끝에 유학길에 오르게 되었다. 미국
에서 대학원을 졸업하고 할렘가의 정신과 병동에서 3년간 전임치료
사로 일하면서 치료사로서의 정체성과 무용동작치료의 많은 경험을
얻게 되었다. 공부를 마치고 귀국한 후 상담심리 교육현장에서 후배
양성에 주력하며 현재 예술심리연구소를 운영하고 있다.

무용동작치료사로서 자신의 내면을 성찰하고 성장해가는 노력을 멈
추지 않는 것이 내담자의 심리적 성장을 돕는 데 중요하다고 생각하기
때문에 자신의 심리를 지속적으로 관리하고, 학회나 학술 활동을 통해
예술심리치료에 관한 재교육을 꾸준히 받고 있다. 또한 우리 사회에서
생소한 심리치료를 일반인들에게 알릴 수 있도록 좋은 책을 번역하거
나 다양한 사례를 기록하고 글로 담는 노력도 함께 하고 있다.

- -

무용동작치료사
남희경 교수

현) 한국예술심리치료연구소 소장
현) 명지대학교 예술심리치료학과 겸임교수
전) 뉴욕 North General Hospital 정신과 심리치료사
- 가톨릭대학교 심리학과 상담심리전공 박사
- Antioch New England Graduate School
  응용심리학과 무용동작치료전공 석사
- 국가평생교육진흥원 심리학 복수전공 학사
- 한양대학교 무용학과 발레전공 학사
- 미국공인 무용동작치료전문가(BC-DMT)
- 뉴욕주공인 예술치료사(LCAT)
- 미국공인 상담가(NCC)

무용동작치료사의 스케줄

남희경
무용동작치료사의
하루

18:30 ~ 20:00
▶ 강의 및 교육

09:00-10:00
▶ 출근
▶ 일과준비

17:00 ~ 18:30
▶ 저녁식사
▶ 이동

10:00 ~ 12:00
집단상담
세미나
워크숍

13:00 ~ 17:00
▶ 개인상담

12:00 ~ 13:00
▶ 점심식사
▶ 산책

춤출 때만큼은
끼를 발산하는
내성적인
소녀

▶ 첫 공연

▶ 초등학교 시절

▶ 대학 시절 발레 공연

Question 학창 시절에는 어떤 학생이었나요?

저는 소심하고 내성적이고 차분한 아이였던 걸로 기억을 해요. 근데 춤을 좋아했어요. 그래서 어릴 때도 자다가 음악이 들리면 일어나 춤을 추곤 했던 에피소드를 부모님께 들었어요. 친구를 사귀어도 한 명 정도 조용히 사귀는데 학교 행사가 있을 땐 무대에 나가서 끼를 발산했던 저의 두 가지 성향이 이질적이라고 생각했습니다.

Question 학창 시절, 집안의 분위기는 어땠나요?

저희 외가 쪽 가족은 모이면 가무를 하는 분위기였어요. 어릴 적부터 음악을 틀어놓고 어른들과 함께 춤을 추었던 기억이 제가 춤을 좋아하게 된 배경인 것 같아요. 저는 모든 가정이 다 그런 줄 알았어요. 그렇게 춤을 즐기는 모습과는 달리, 제 평소의 모습은 조용한 편이었어요. 이질적인 두 가지 모습이 제 안에 있었지요. 한편, 친가의 분위기는 감정을 표현하며 즐기는 분위기가 아니었어요. 정서적으로도 정돈되어 있어야 했고, 통제적인 분위기였죠. 그래서인지 저는 평소에 감정을 밖으로 잘 표현하는 성격은 아니었지만 춤을 출 때만큼은 내면의 감정들이 발산되었다고 할까요?

초등학교 4학년 때 무용학원에 다니기 시작했어요. 여러 학원에 다니다가 무용학원에 들어가면 내성적인 성향에 도움이 되지 않을까 해서 어머니가 보내셨는데 실제로 그런 도움을 받았던 것 같아요. 저는 무용이 매우 좋았어요. 하지만 중학교에 올라가니 부모님께서 이제 공부를 하라고 하시며 무용학원에 보내주지 않으셨죠. 부모님께서는 전공을 시키실 생각은 없으셨던 거예요. 그래서 한동안은 춤을 추지 못했어요.

Question   학창 시절, 특히 기억에 남는 선생님이 계신가요?

재미있게도 중학교 2학년 때 담임선생님이 무용선생님이셨어요. 그 선생님께서 저의 재능을 봐주시고 격려해 주셨어요. 저는 무용학원에 다닐 수 없게 되어 서운했는데 무용에 대한 진로를 말씀해 주시고, 열정적으로 무용을 가르쳐 주셨죠. 선생님의 가르침은 제가 부모님께 무용을 계속하고 싶다고 말씀드리게 되는 계기가 되었습니다. 부모님께서는 저를 예술 계통으로 가르치실 계획이 없으셨는데 그런 이야기를 듣게 되신 거예요. 다행히 부모님께서 허락해 주셔서 무용학원을 다시 가게 되었어요.

그때 만났던 무용학원 선생님도 저에게 상당히 중요한 분이셨어요. 서울에서 국립 발레단에 계시다가 남편을 만나 안동에 내려와 학원을 차리신 분으로, 제가 첫 제자였던 거예요. 그래서 그 선생님과 인연이 되어 다시 춤을 추면서 '내가 사는 곳이 우물이었고 내가 우물 안 개구리였구나!'라는 생각을 하게 되었어요. 선생님과 교감하고 춤의 세계에 빠져들면서 나의 장래는 춤을 추는 것이고, 춤을 추는 것뿐만 아니라 무용을 교육하는 사람이 되고 싶다는 생각을 했습니다. 교육하는 것이 좋았어요. 그때 당시 친구들에게 춤을 가르쳐 주고 했던 것이 재미있고 좋았어요. 친구들이 제 동작을 따라 하는 것도 신기했고, 그러면서 자연스럽게 무용의 길을 가게 되었어요.

그래서 중학교 2학년 때 담임선생님, 학원의 무용선생님 두 분이 가장 기억에 남습니다. 그 학원 선생님과의 인연은 대학까지 쭉 이어졌고요. 그래서 진로에 대해서 크게 갈등하지는 않았어요.

Question 무용을 진로로 선택할 때의 기준은 무엇이었나요?

선생님들께서 저에게 이런 재능이 있다는 걸 알려주셨고, 또 재능이 있다면 이것이 막연하게나마 내가 앞으로 이루어야 할 직업적인 선택이 될 수 있겠다고 생각하면서 일찍 기반을 잡았던 것 같아요. 저에게 진로를 선택할 때의 기준은 제가 좋아하는 일과 가장 잘 할 수 있는 일을 고려하는 것이었습니다.

평소에 억압되어 있었던 제가 무용을 할 때만큼은 자유롭고 생생하고 살아있는 느낌이 드는 것을 누군가에게 알려주고 함께 할 수 있다는 사실에 기쁨을 느꼈어요. 그때부터 무용은 자연스럽게 저의 진로가 되었죠.

Question 대학 생활은 어떠셨나요?

사실 대학에 들어와서 무용을 전공하면서부터는 춤을 추는 게 행복하진 않았어요. 행복하지 않았던 이유 중에 하나는 기존의 틀에 맞춰진 춤을 춰야 하고, 교수님께서 안무하신 것을 그대로 춰야 하는 것이 불편하다는 점이었죠. 저는 즉흥적으로 표현하는 것이 좋았던 것 같습니다 문화적으로도 시골에서 자유롭게 살다가 서울에 와서 보니 제가 시골 출신이고, 예고생도 아니었다는 것에 괴리감이 컸던 것 같아요. 저는 일반 고등학교에 다니면서 인문계 공부를 했거든요. 좋은 선생님들의 열정 덕분에 제가 대학까지 올 수 있었는데 서울에 와서 보니 저는 너무 다른 환경에서 살았던 사람으로 느껴지더라고요. 그래서 대학을 다니면서 진로에 대해 고민하게 되었어요.

무용동작치료에 대해 알게 된 계기는 무엇인가요?

대학교 4학년 때 무용동작치료라는 학문이 있다는 것을 처음 알게 되었어요. 그때 들었던 수업 중에 사회무용프로그램이라는 수업이 있었는데 그 수업 강사 선생님이 무용동작치료는 정신과 병동 환자나 마음이 아픈 사람들에게 무용교육을 하는 것이라는 걸 알려주셨어요.

저는 예전부터 무용은 사람들과 교감하는 것이라고 생각했는데 대학에 다니는 4년 내내 저의 그러한 욕구는 충족되지 못했던 것 같아요. 대신, 학교에 다니면서 아이들에게 발레를 가르치는 아르바이트를 했는데 아이들은 발레 기술을 익히는 것보다 자신의 몸과 표현 자체를 즐기잖아요. 오히려 아이들은 즉흥적인 것들 가운데 자연스럽게 자신 안의 창조성을 펼쳐 내더라고요. 성인보다도 더 자기에 대해 잘 표현하는 모습을 봤어요. 그때는 마음을 몸으로 표현하는 것이 무용동작치료라는 것을 몰랐지만, 대학교 4학년 때 수업을 듣게 되면서 무용동작치료를 알게되었고 그 길을 가야겠다고 생각했어요. 그때는 국내에 무용동작치료에 관련된 전공이나 학위과정이 있지 않았던 때여서 유학을 생각하게 되었습니다.

무용교육이 아닌 치료를 선택한 계기는 무엇인가요?

저의 어릴 적 꿈은 원래 무용선생님이었어요. 그런데 제가 원하는 것이 무용교육이 아니라 무용동작치료라는 것을 알게 되었어요. 그래서 유학을 가기로 마음먹었어요. 하지만 유학을 가는 길이 바로 열리진 않았고, 일 년 정도 영국에 어학연수를 다녀온 뒤 3년 정도는 일반 직장 생활도 하면서 유학 준비를 했어요.

돌이켜 보면 제 유년기는 춤출 때 말고는 행복하지 않았던 것 같아요. 왜냐하면, 늘 고부갈등과 부부갈등이 있는 보수적인 집안 분위기에서 맡은 역할을 해야 하는 나의 모습을 보면서 그런 나를 넘어서고 싶었고, 계속 행복해질 수 있는 방법을 찾아왔던 것 같아요.

무용동작치료 공부를 시작하면서부터 제가 상담을 받기 시작했고, 그로부터 20년 가까이 지난 지금도 제 자신을 위한 심리치료는 멈추지 않고 있습니다. 사실 심리에 관심을 갖지 못했을 때도 내 안에 있는 문제를 해결하고 싶다는 무의식적인 갈망이 있었던 거죠. 그게 춤을 추는 것으로 다 해결되지는 않는다는 것을 대학을 다니면서 깨달았어요. 춤을 춰도 맘 속 갈등은 해결되지 않았고, 갖고 있는 문제나 열등감이 해결되지 않았어요. 그래서 그런 것을 해결하고 싶었던 갈망이 제 꿈을 향해 가도록 했던 것 같습니다. 그게 무용이었고, 심리였고, 교육이었고 그것들은 모두 제 삶에서 참 중요했다고 생각해요.

Question **무용동작치료 유학을 떠나기 위해 어떤 준비를 하셨나요?**

유학을 준비하면서도 관련된 심리 관련 공부를 계속해 나갔어요. 직장에서 6시에 퇴근하고, 평생교육원에 다니면서 심리에 관한 수업을 들었습니다. 미리 공부를 한 것은 제가 유학하고자 하는 곳에서 선행학습 차원에서 심리학 기초과목 이수를 요구했기 때문인데 저는 심리에 관한 공부를 하는 것이 아주 재미있었어요. 심리 공부를 하는 과정은 저를 이해해 가는, 저를 더 알아가는 시간이었던 것 같아요.

내담자의
감정과 정서를
담아내는 그릇

▶ 로터리재단 문화사절 장학생 활동

▶ 미국 대학원 무용동작치료 수업

▶ 미국 정신병동의 예술심리치료사들

미국에서의 유학 생활은 어떠셨나요?

응용심리대학원에서 무용동작치료전공을 했습니다. 그때쯤 우리나라 서울여대에 처음 동작무용치료전공이 생기기는 했지만 저는 계획한 대로 미국으로 유학을 가게 됐죠. 유학 당시 상담심리가 부전공이고 무용동작치료가 전공이었어요.

제가 공부했던 대학원에서는 임상훈련이 강조되는 프로그램을 많이 했어요. 노인병동, 정신병동, 장애인 사회복지기관, 영유아 발달지원센터 등에서 임상실습과 인턴십을 하면서 다양한 내담자를 만날 수 있었습니다.

Question **대학원 졸업 후에는** 어떤 일을 하셨나요?

저는 대학원을 졸업하고 미국에서 인턴십을 하였는데 첫 직장이 정신과 병동이었어요. 그때 당시만 해도 할렘가라면 빈민촌이었는데 거기에 있는 정신과 병동에서 인턴십을 했고, 운이 좋게도 전임치료사로 고용되어 3년 정도 일을 하게 됐습니다. 그 3년 동안 임상수련을 받았던 것이 무용동작치료사로서의 제 정체성에 가장 중요했던 토대가 되었던 것 같아요. 인간이 퇴행하면 어디까지 퇴행하고, 인간 정신을 와해하면 어디까지 와해하는지, 병리가 무엇인지를 처절하게 느끼는 시간이었어요. 정말 많은 경험을 하는 시간이었지요. 이 병동에서 있었던 일을 써내라면 소설이 될 정도로요.

병동에서는 5명의 전문가가 팀이 돼서 일을 했습니다. 리더가 정신과 의사였고, 정신과 간호사가 24시간 간호를 하고, 사회복지사는 주로 퇴원 후의 적응을 도와주는 일을 하며, 정신 재활치료사는 병동 안에서 심리치료를 하는 역할을 합니다. 정신 재활치료사 역할은 예술치료사들이 담당하고 있어요. 음악치료사, 드라마치료사, 미술치료사, 무용동작치료사가 있죠. 제가 있던 이 할렘가의 병동도 일 년에 한 번씩 정부에서 하는 병원 평가 대상 병원이었습니다. 그런데 병동에서 폭력 사건 사고가 너무 많이 일어났기 때문에 특단의 조치가 필요한 상황이었어요. 그래서 병원에서 선택한 특단의 조치가 예술치료사를 고용하는 것이었습니다. 왜냐하면, 예술치료사는 여러 가지 예술 활동으로 프로그램을 진행하니까 환자들의 공격성이 예술 활동을 통해 안전하게 해소되면서 공격성 때문에 일어난 사건 사고들도 급격하게 줄어들기 때문이죠. 뉴욕에는 정신적으로 어려운 분들이 많아요. 화려한 도시고, 빈부 격차도 크고, 많은 문화권의 이민자들이 뒤섞여 사는 곳이어서 갈등과 문제가 많은 도시예요. 그래서 미국에는 정신 분석가 사무실이 많이 있습니다.

Question 미국에서 무용동작치료사로 일하면서
특별한 에피소드가 있었나요?

제일 기억에 남는 환자는 조지 워싱턴 다리에서 자살시도를 하다가 119에 실려 온 환자예요. 제가 일했던 병동에는 비자발적으로 들어온 환자들이 대부분이었는데 자살시도를 한다거나 누군가를 해치려는 환자들이 많았죠. 제가 기억하는 그 환자분은 20대 중반의 나이에 백인이었는데, 그 또한 자살시도를 했습니다. 처음 정신과 병동에 입원했고, 우울증으로 인한 자살시도를 했어요. 당시 우리 팀에서는 환자들을 치료실로 초대해서 그들이 스스로 치료실에 오면 치료를 시작하곤 했습니다. 그날도 환자들을 초대하기 위해 병실 문을 두드렸는데 컴컴한 방 침대 끝에 앉아 있는 그 환자분을 무용치료에 초대하기가 쉽지 않았어요. 그래서 어렵게 말을 꺼냈죠. "바로 옆방에서 5분 후에 집단 프로그램이 열립니다. 거기에 음악도 있고 한데 혹시 기분 전환이 될 수 있다면 오셔서 음악을 들으세요."라고요. 또 다른 분들을 초청한 후 치료실에 돌아갔더니 그분이 치료실에 와 있는 거예요.

그런데 마침 그날따라 조증환자들이 많아서 시끄러운 상태였어요. 그래서 마음속으로는 그분이 적응할 수 있을까 생각을 하며 앉아서 음악을 들을 수 있도록 의자를 드렸어요. 그런데 어느 시점에서 사람들의 움직임이 밝아지면서 그분도 같이 와서 춤을 추도

록 청했고, 얼떨결에 그분도 다가와 함께 참여하게 된 거예요. 처음에는 마음이 차단된 상태였는데 그 순간만큼은 논리와 이성의 힘으로는 할 수 없는 어떤 일을 예술이 하는 것 같은 느낌이 들었어요. 그 분은 순식간에 자신도 모르게 참여를 하기 시작해서 어느 순간엔가 땀을 뻘뻘 흘리면서 같이 움직였어요.

제가 기억이 나는 게, 그 수업이 끝난 후 그 환자분한테서 "내가 몸을 움직이면서 놀아 본 게 언제였는지 기억나질 않는다."라는 말을 들었어요. 그때 저는 큰 깨달음을 얻었어요. 플레이*(play, 놀이)의 반대말이 디프레션*(depression, 우울)이거든요. 디프레션은 놀 수 없는 상태를 뜻해요. 그분은 디프레션 때문에 자살시도까지 해서 병원에 오셨는데 예술 활동을 통해 놀면서 다른 정서적 상태로 전환되었고, 그러면서 본인 안에서도 통찰이 있었던 것 같아요. 그 집단 경험을 계기로 이후에도 집단 프로그램마다 열심히 참여하면서 마침내는 퇴원하게 되었죠. 그분은 저에게 플레이의 힘이라는 것이 이런 것이라는 것을 가르쳐준 스승이에요.

플레이의 핵심은 정서를 표현하고 정서를 교환하는 것인데, 그분은 거기서 자신의 감 각을 표현해서 해소했고, 다른 환자들과 교감을 하면서 회복되었던 거죠. 저는 초보 무용동작치료사였는데 그 환자분을 통해서 치료의 마술적 경험을 하게 됐어요.

Question 무용동작치료란 어떤 것인가요? 자세한 설명 부탁드려요

사람을 움직이게 하는 내적 동기가 핵심인 것 같아요. 무용동작치료의 선구자들은 원래 무용교육을 하는 사람들이었어요. 특히 무용동작치료를 처음 만든 마리안 체이 스*(Marian Chace, 1896~1970, 미국, 무용치료의 선구자)는 폐쇄병동, 지금으로 치면 만성 정신 병 환자들과 같이 소통하는 '댄스 포 커뮤니케이션(Dance for communication)' 수업을 한 것으로 유명합니다. 언어적으로는 비논리적이고 소통이 어려운 사람들이 리듬 하나를 가지고 춤을 추기 시작하면서 정서적 상호작용이 일어나고 치유가 될 수 있다는 개념에 서 무용동작치료가 시작된 것이에요. 바로 사람을 움직이게 하는 내적 동기가 중요해요. 그래서 무용동작치료사는 사람들을 움직이게 만들 때 직접적으로 요구를 하지 않고 그

들의 내면에서 일어나는 감각이나 이미지를 따라서 표현할 수 있도록 합니다. 그런 관점에서 보면 세상에 몸치는 없고, 단지 춤추는 것에 대한 자신감이 없을 뿐이에요. 자기의 리듬을 찾지 못한 것일 수도 있죠. 내 몸의 리듬을 찾아야 하는데 내 몸에 어떤 감각이 있는지를 모른 채 차단되어 있으면 그것을 찾을 수가 없고 혼란스럽죠. 그러한 심리적

▶ 무용치료의 선구자 마리안 체이스
자료출처_https://adta.org/marian-chace-biography

인 상태를 밖에서 봤을 때는 몸치라고 생각할 수 있고, 그것은 긴장과 불안을 일으키죠.

아름다운 움직임은 자기의 중심과 연결이 되어 있으면서 표현될 때 아름다운 것이지, 중심과 연결이 되어 있지 않으면서 기술만 화려한 것은 전혀 아름답지 않아요. 그것은 도구로서 기능하는 몸일 수는 있어도, 존재로서 표현하는 몸은 아닐 수 있죠.

우리 사회는 도구로서의 몸으로 기능하는 것만을 중요하게 생각해요. 존재로서의 몸으로 표현할 수 있는 것이 소외될 수 있지만, 무용동작치료는 소메틱사이코테라피*(Somatic Psychotherapy, 신체·심리치료)의 한 영역이기도 해요. 몸을 통해서 마음을 치료하는 영역이죠. 몸은 정신이 살고 있는 곳입니다. 행복하면 정신이 몸에 살고 있다가, 스트레스를 받으면 정신이 몸을 떠나게 되는 걸 해리, 공황 증상이라고 하는데 정신이 몸으로부터 도망가는 스트레스에 대한 신체·심리적 반응입니다. 그래서 정신과 몸이 온전하게 존재할 수 있도록 도와주는 심리치료 접근방법이 바로 무용동작치료의 핵심입니다.

Question 한국에 돌아온 후에는 어떤 일을 하셨나요?

33살에 한국에 돌아왔어요. 개인적으로 외롭고 힘들었어요. 어머니의 심장 수술이나 가족의 존재가 저를 다시 한국으로 오게 했어요. 그리고 늘 고국에 대한 향수가 있었죠. 3년간 일을 한 후에 전문가 자격증을 받았어요. 대학원 졸업 후 치료사 자격증을 받았고, 뉴욕 주에서 주는 예술치료사 면허, 심리상담과 관련된 자격증 등을 받고 나니 한국에 돌아가 일을 할 수 있겠다는 생각이 들었어요.

한국에 돌아온 그때부터 교육을 시작했습니다. 그때도 아주 전문가는 아니었지만, 대학 강의와 무용동작치료를 교육하는 일을 시작했어요. 그리고 한국에 들어와서 상담심리를 전공하며 박사과정을 밟았어요. 저의 경험을 담아 줄 이론이 필요했기 때문이죠. 학생들에게 교육치료를 가르칠 때와 내담자를 치료할 때가 크게 다르지는 않은 것 같아요. 수업을 할 때는 이론뿐만 아니라 주로 실제 현장의 경험으로 얻은 실천적 지식도 알려주기 때문이죠. 체험하지 않으면 배울 수 없는 학문이다 보니 학생들을 만나는 것이 저에게는 또 다른 치료이기도 했어요.

Question 현재 하고 계신 일, 근무하고 계신 곳을 소개해 주세요.

저는 현재 예술심리치료연구소를 운영하고 있어요. 예술심리치료는 미술, 음악, 무용, 연극과 같은 예술을 자기표현과 소통의 방법으로 사용하는 심리치료라고 할 수 있어요. 저희는 정신분석을 기반으로 내담자를 이해하고, 돕고 있어요. 연구소는 두 개의 개인 상담실과 예술치료를 교육하는 스튜디오로 구성되어 있고, 연구소 소속의 예술치료사들이 일을 하고 있어요. 제가 하는 일은 크게 두 가지인데, 심리적으로 어려움을 겪고 있는 내담자들을 상담하는 일과 예술심리치료를 교육하는 일이에요. 저희 연구소는 예술치료사를 양성하는 기관이기도 해서 다양한 예술치료 워크숍, 세미나, 사례회의 등이 개설되어 있습니다. 주로 예술치료 전공생들이 교육 차원에서 내담자로 심리치료를 받기도 하고, 자기 경험 워크숍에 참여하기도 해요. 학교, 기업이나 사회복지 기관 등으로 외부 워크숍이나 출강을 나가기도 해요.

Question 주로 어떤 내용의 무용동작치료를 하시나요?

제가 하는 무용동작치료는 내면의 무의식적인 움직임을 밖으로 표현하게 하고, 그것을 통해 심리적 어려움을 해소할 뿐 아니라 자신의 내면을 이해하고 심리적 성장을 이뤄나가도록 지원해요. 주로 심리적 성장에 관심이 있는 성인들이 일주일에 한 번씩 오시면, 자신이 알아차리지 못하는 욕구나 동기가 무엇인지 움직임이나 그림 언어를 통해 이야기를 나누면서 자신을 들여다보고 성찰하는 작업을 함께 합니다. 개별적으로 혹은 집단으로 진행하기도 해요.

Question 어떤 분들이 교수님의 연구소를 찾아오시나요?

제가 만나고 있는 내담자들 중에는 주로 사회에서 잘 기능하고 있는 것 같지만 심리적 스트레스를 신체적 증상으로 호소하고 계신 분들이 많아요. 주로 스트레스를 받으면 두통, 불면, 소화불량, 만성 통증과 같은 증상을 겪고, 이러한 심인성 증상들이 약물 복용만으로는 해결되지 않아서 심리치료를 받으러 오기도 해요.

그리고 연구소에 교육을 받으러 오시는 분들은 주로 예술심리치료 전공생들이나 심리치료사들입니다. 자신이 내면적으로 좀 더 생생하고 온전하게 살아가고 싶다는 욕구를 가지고 계신 분들이 심리치료 공부를 하고, 또 심리치료사들은 자신이 직접 내면적 성장의 경험을 해봐야 누군가에게 상담 등을 해 줄 수 있기 때문에 끊임없는 자기 공부가 필요해요.

무용동작치료사로서의 일이 너무 힘들어 정서적으로 소진될 때가 있거든요. 무용동작치료사는 내담자의 정서를 담아내는 그릇이라고 생각해요. 내담자를 담아내는 그릇이요. 내담자는 트라우마나 그것과 연결된 감정들을 같이 쏟아내는데 제가 상태가 좋거나 기능이 좋을 때는 괜찮지만, 때로는 저도 제 것을 먼저 비워내고 상담을 받기도 합니다. 때로는 요가 강사처럼 몸의 움직임으로만 하는 일은 어떨까 하는 생각도 하죠.

힘들 때 자기를 돌보는 방법을 많이 가지고 있는 것이 전문가인 것 같아요. 이 일은 정서적 돌봄을 해주는 일이기 때문에 그만큼의 정서적 소진을 피할 수 없어요. 하지만 오랫동안 이 일을 하다 보면 나름대로 자기 돌봄을 할 수 있는 전략을 가지게 됩니다. 조금 힘들 때는 목욕탕을 간다거나, 더 힘들 때는 마사지를 받기도 하고, 누군가에게 정서적인 돌봄을 받기 위해 상담을 받기도 하고, 친구들을 만나서 수다를 떨기도 해요. 저는 주로 몸을 다루는 사람이어서 몸을 통해 무엇을 하는 것이 자기를 돌보는 것에 가장 도움이 되는 것 같아요. 요가나 산에 가는 것도 좋아합니다. 몸을 쓰면 감정에 갇혀 있다가 해소되는 느낌이 들거든요. 그래서 의도적으로 산책이나 산행을 해서 땀을 뺀다든지 스스로 해결할 방법을 찾아요.

Question 부모님은 교수님의 일에 대해 어떻게 생각하고 계시나요?

부모님은 제가 하는 일이 무엇인지 자세히는 잘 모르세요. 심리 상담이 요즘 조금씩 알려지고 있다 보니 비슷한 일을 하는가보다 생각하고 계시죠. 무용동작치료사가 어려움에 부딪힌 사람들에게 도움이 되는 점을 생각하며 자랑스러워하실 때도 있는 것 같아요.

몸짓은
무의식중에
자신과 소통하는
진짜 정보

▶ 한국예술심리치료연구소

▶ 집단 무용동작치료

▶ 뇌질환병동에서 진행한 재활무용 수업

　　살다 보면 힘들거나 위태로운 상황이 닥치는데, 삶이 위기일 때 나타나는 증상을 발견하고 해소하도록 하는 것은 상담의 일차적 목표예요. 심리상담의 궁극적 목표는 결국 심리적 성장, 내적 성장을 이루는 것이라고 생각합니다. 화가 날 때 화나는 대상에게 표현을 하지 못하고 대신 폭식을 하는 행동을 알아차리게 되면 폭식을 감소시킬 수 있을 뿐 아니라 대상에게 효율적인 방법으로 화를 표현하게 되는 등, 여러 변화가 일어나요. 그러한 변화는 성장의 의미를 갖고 있고, 그 변화를 목격하는 것이 저의 보람입니다. 그리고 그 과정에서 저도 성장하는 것 같아요. 내담자들이 가지고 오는 문제가 제가 가지고 있는 문제와 크게 다르지 않거든요. 그들의 내적 갈등을 들여다보면서 제 모습을 발견하기도 합니다.

무용동작치료의 장점은 무엇이라고 생각하시나요?

몸은 말보다 거짓말을 못해요. 왜냐하면 몸은 무의식이기 때문이에요. 제가 상담 공부를 할 때, 내담자와의 상담 실습을 영상으로 보면서 슈퍼비전*(전문상담자가 되고자 하는 수련생에게 적절한 직업적 행동을 습득할 수 있도록 슈퍼바이저가 도와주는 계속적인 교육과정)을 받았는데 그때 제 내담자가 말은 "네"라고 하면서 고개를 좌우로 살짝 흔드는 것을 발견할 수 있었어요. 그럴 때, 우리는 말보다 몸의 동작을 진짜 메시지라고 생각해요. 언어는 외부와의 소통을 위해 발달하였지만, 몸의 감각은 무의식중에 자신과 소통을 합니다. 자신이 원하는 것을 몸 밖으로 계속 표현하게 되는 거죠. 그래서 무용동작치료는 무엇보다 솔직하고 진실한 자신을 들여다 볼 수 있는 것이라고 생각합니다.

Question 교수님의 삶의 비전은 무엇입니까?

자신이 변화하는 것이 세계를 변화시키는 데 가장 중요한 일이라고 생각해요. 한 사람의 변화가 가족을 비롯한 여러 사람들과의 관계를 변화시키는 것을 많이 목격했거든요. 저는 제가 만나는 내담자들에게 그러한 선한 영향을 미칠 수 있는 것, 그 자체가 제 삶의 비전이라고 생각해요. 물론 그 과정에서 저 자신도 내담자와 함께 성장해가는 것이기도 하고요.

Question 삶의 비전을 위해 어떤 노력을 하고 계신가요?

저는 무용동작치료사로 일하면서 제 자신의 심리치료를 계속 받고 있고, 학회나 학술 활동을 통해 예술심리치료에 관한 재교육을 꾸준히 받고 있습니다. 무용동작치료사로서 저의 내면을 성찰하고 성장해가는 노력을 멈추지 않는 것이 내담자의 심리적 성장을 돕는 데 중요하다고 생각하기 때문이에요. 최근에는 무용동작치료라는, 아직은 이 사회에서 생소한 심리치료를 일반인들에게도 알릴 수 있도록 좋은 책을 번역하거나 다양한 사례를 기록하고 글로 담는 노력을 하고 있습니다.

Question

대한민국에서
무용동작치료사로 살아간다는 것은 어떤 것인가요?

미술치료나 음악치료와 같은 다른 예술치료에 비해 무용동작치료는 아직 국내에서는 잘 알려지지 않은 생소한 분야예요. 무용동작치료사가 되기 위해서는 최소 석사학위 이상의 교육을 받고, 자기분석과 임상실습을 거치는 등 많은 노력과 시간이 소요되지만 그 전문성이 충분히 인정받지는 못하고 있는 것 같아요. 그래서 늘 어디에서든 사람들에게 이 분야가 무엇인지 설명해야 하고, 설득해야 하는 노력을 해야 해요. 하지만 아직 미개척 분야이기에 갖는 가능성도 있는 것 같습니다. 앞으로 심리치료뿐 아니라 아동과 청소년들의 교육적 차원에서도 무용동작치료와 관련한 다양한 프로그램이 개발되고 제공될 수 있기를 희망합니다.

Question

청소년들에게 추천하고 싶은 책은 무엇인가요?

청소년들이 몸을 통해 마음을 치유하는 심리치료로서의 무용동작치료를 이해하는 데 도움이 되는 책이 있어요. 《몸, 태곳적부터의 이모티콘》이라는 책으로, 청소년 인문학 교실을 운영하면서 한 강의의 내용을 담은 책이에요. 물리학자, 한의사, 철학자, 극단 대표가 쓴 몸에 대한 인문학 책이고, 몸에 대한 심리적 가치와 의미를 담은 책이기도 해요. 도구로서 기능하는 몸이 아니라 존재로서 표현하는 몸, 자기 존재에 대해 생각해보게 하는 책이에요. 그리고 그것은 바로 무용동작치료의 본질이기도 하죠.

▶ 도서 <몸, 태곳적부터의 이모티콘>, 이유명호 외
　자료출처_ https://book.naver.com/bookdb/book_detail.nhn?bid=6777565

무용동작치료사가 되고 싶은 청소년들이
무엇을 준비하면 좋을까요?

　기본적으로 무용동작치료에 관심이 있다면 몸을 움직이거나 몸으로 표현하는 것에 관심이 있는 사람이라는 거겠죠? 그렇다면 심리학에서부터 시작을 해도 좋을 것 같아요. 학부에서 무용, 심리학, 사회복지를 전공 혹은 부전공으로 공부하고, 대학원에서 무용동작치료를 공부한다면 체계적으로 준비할 수 있을 것 같아요. 그렇게 기초심리학을 탄탄히 다지면서 몸에 대해 표현하는 도구를 만들면 좋을 것 같습니다. 춤, 요가, 명상, 태극권 등 뭐든 몸에 대한 이해나 몸으로 표현하는 것이 자신에게 자연스럽고 익숙할 때 그것을 상담에서도 끌어낼 수 있거든요.

고등학교 1학년까지는 국가정보원에 취업하여 나라를 위해 외국에서 활동하는 스파이를 꿈꾸었다. 그러나 왼쪽 눈에 공을 맞는 사고로 실명하여 꿈을 접은 후 24살까지 연극연출가가 되기 위해 20~30개의 아르바이트를 전전하며 인생을 보냈다. 이후 서울에서 연극연출을 하려고 상경했지만 대학원을 졸업해야 한다는 말에 연극연출가의 꿈을 접었다.

하지만 오랫동안 경험한 연극을 가출 청소년들과 함께 하려고 사회복지를 공부했고, 빈곤계층에 관심을 가져 서울시 사회복지직 7급으로 10년을 근무하면서 전국에서 최초로 동사무소에서 사이코드라마집단상담을 실시하는 등 끊임없이 연극의 경험을 살렸다. 공무원을 그만두고 10년을 대학에서 학생들과 성인들을 가르치는 일을 하였다. 2013년 서강대학교 평생교육원에서 퇴직하고 지금은 '심리극장 청자다방'이라는 연구소에서 드라마기법을 활용하여 개인과 집단 상담 및 교육을 연 400회 정도 진행하고 있다. 자신의 경험을 보급하기 위하여 2013년 한국드라마심리상담협회를 설립하여 전문가 양성교육을 진행하고 있다.

드라마심리상담가
최대헌 박사

현) 심리극장 청자다방 대표
전) 한국드라마심리상담협회 회장
- EBS 라디오 <행복한 교육세상> 상담패널
- 드라마심리상담수퍼바이저
- 드라마코칭상담전문가
- 드라마퍼실리테이터전문가
- 강남대학교 사회복지대학원 사회복지학 박사

드라마심리상담가의 스케줄

최대헌
드라마심리
상담가의
하루

19:00 ~ 23:00
▶ 상담, 강의, 자유 시간
23:00
▶ 취침

06:00
▶ 기상 및 스트레칭
06:30
▶ 일정 체크
08:00
▶ 출근

18:00 ~ 19:00
▶ 저녁식사

09:00 ~ 12:00
▶ 상담, 강의, 집필,
휴식과 독서

13:00 ~ 18:00
▶ 상담, 강의, 방송, 휴식

12:00 ~ 13:00
▶ 점심식사

연출가의
꿈을 간직한
사회복지
전문가

▶ 소극적이고 조용한 아이로 소문난 초등학교 시절

▶ 연극으로 사람들의 고민을 표현하면서
공개상담을 하는 모습

▶ 가정폭력상담현장에서 적용할 수 있는 드라마코칭상담 공개 시연

초등학교 때 연극을 했어요. 연극을 하고 싶어서 한 것이 아니라 연극을 하면 빵하고 우유를 주는데 그것을 먹겠다는 신념으로 얼떨결에 했어요. 그 후 평범하게 지내다가 고등학교 1학년 때 집안 형편이 어려워져 대구상업고등학교에 가게 되었어요. 그때는 공부에 흥미도 없었고, 사고로 한쪽 눈을 실명하게 되면서 고등학교를 중퇴하게 되었습니다. 그후로는 대구의 한 극단에 들어갔고, 바늘공장 등 다양한 아르바이트를 하면서 극단 생활을 했어요.

Question 극단 생활은 어떻게 시작하게 되셨나요?

초등학교 때의 연극 경험도 있었고, 단순한 이유로는 멋있어 보여서 시작하게 되었어요. 그땐 외모 콤플렉스가 있었는지 연기보다는 연출에 더 관심이 있었던 것 같아요. 또 무대 뒤에서 지휘를 하는 모습이 멋있어 보여서 시작했던 것 같습니다. 대구 계산동 성당에 계신 신부님께서 제가 연극을 한다고 하니 연극을 한번 올려보라고 기회를 주셔서 '가족'이라는 주제로 처음 연출을 맡게 되었어요.

연출 일을 하기 위해 20대 때는 아르바이트를 전전했습니다. 그러다 보니 이렇다 할 직업도 갖지 못했어요. 요즘의 부모라면 그 때의 전 참 골치 아픈 자식이었을 것 같아요. 그래서 돈을 받고 일하는 프로페셔널한 직업을 갖고 싶기도 했어요. 그 후 대구에서 <금관의 예수>라는 작품을 공연하고 서울로 올라갔어요.

서울로 가신 이유는 무엇인가요?

청소년들에게 연극이 도움이 될 거라는 확신이 있었기 때문이었어요. 그래서 '살레시오 수도원'에서 수도 생활을 하고자 지원했습니다. 그곳은 청소년들을 교육하는 교육수도원이에요. 또한, 연출 수업을 받기 위해 극단 '실험극장'에 들어갔죠. 거기서 연출 수업을 1년 6개월 정도 받으며 <피의 결혼>이라는 연극에서 연출을 맡기도 했어요. 하지만 공식적인 연출자로 활동을 하려면 대학원을 나와야 한다는 암묵적 조건이 있었어요. 저는 당시 중졸이었기 때문에 대학원까지는 너무 학력 차이가 컸지요. 경제적인 면이나 미래를 보아도 저에게 적합하지 않다는 생각이 들었습니다. 그래서 극단을 나와 아이들만 지도하게 되었죠.

연출에 자질이 있으셨나요?

자질보다는 그저 연출 일이 멋있어 보였고, 하고 싶었던 것 같아요. 저는 적성보다 더 중요한 것이 하고 싶어 하는 마음이라고 생각해요. 적성에 맞게 산다는 것은 자신의 적성을 정확하게 파악하고, 관련 경험도 충분히 쌓은 후에야 가능한 일인데 그 부분을 적성검사만으로는 확인할 수 없다고 생각해요. 모두가 똑같은 경험을 할 순 없고, 직업에 대한 이해도도 다른데 어떻게 적성검사만으로 사람의 적성을 정확히 판단할 수 있겠어요.

▶ '인생농사'를 주제로 함께 생각하고 표현하는
드라마퍼실리테이션 현장

연출 분야가 아닌 사회복지학을 전공하신 이유는 무엇인가요?

26살 쯤, 서울예술전문대학에 지원하려고 했었는데 연출학과가 없어서 지원하지 못했습니다. 뭘 해야 하나 생각하고 있는데 수도원에서 저에게 사회복지사 공부를 해 보라고 권유했어요. 저의 의지와는 상관없이 사회복지 공부를 시작하게 됐죠. 왜냐하면 당시 수도원이라는 조직 안에 있었기 때문에 수도원에 이바지할 수 있는 일을 해야 한다고 생각했습니다. 그래서 빨리 자격증을 주는 학교를 찾다가 명지전문대에 들어가게 되었어요.

Question **대학 생활과 대학 생활 이후의 일들이 궁금합니다.**

명지전문대(2년제)에 다닐 때는 4년제 대학에 떨어진 동기 학생들이 많이 입학했었는데 그 친구들에게 우울감이 많이 있었던 것 같아요. 그래서 그 친구들과 함께 캠프를 진행해서 가기도 하고 학과 대표를 맡아 재미있게 생활했던 게 기억에 남습니다.

그러던 중에 수도원에서 이탈리아에 갈 기회가 있다는 소식을 알려주셨어요. 그런데 '수도원의 성도들이 낸 돈으로 유학을 가는 게 맞는가?' 하는 생각이 들면서 내 길이 아니다 싶었습니다. 수도자로 평생을 살겠다는 확신도 없는 상태에서 유학비용을 다 받는 것은 아니다 싶어서 수도 생활을 그만두었고, 광명시에 있는 '나눔의 집'에 들어가서 생활하게 되었어요. '나눔의 집'은 가출 청소년들이 머무는 곳이었는데, 그 무렵에 저는 학교 다니기 바쁘고 아이들 뒤치다꺼리를 하느라 연극에 관심을 가질 여유도 없었어요.

학교를 졸업한 후에는 제대로 된 직장 생활을 하고 싶다는 생각이 들어서 사회복지기관에 들어갔습니다. 거기서 노조를 만들었는데 해고를 당하게 됐죠. 그래도 사회복지 자격증이 계기가 돼서 31살에 7급 사회복지 전문 공무원이 됐어요. 결혼도 한 상태였고요.

인생의 연습장,
드라마

▶ 늘 설레는 드라마심리상담 준비

▶ 다양한 상황에서 다양한 역할을 하는 사람들을
떠올리며 세계 각국에서 수집한 탈들

▶ 늘 즐거움을 만들려고 노력하며
오늘도 누군가의 앞에 섭니다.

사회복지 전문 공무원으로 일할 때는
어떤 생각을 하셨나요?

그때 당시의 사회복지는 정부 돈을 받아서 주는 형식의 서비스였어요. 외국은 상담 서비스를 하지만 우리나라는 해방과 한국전쟁 등을 거쳐 오면서 물질 서비스 중심의 사회복지 시스템이 주를 이루게 되었죠. 어려운 시기에 사회복지가 들어오다 보니 돈으로 도와주는 서비스가 된 것입니다. 우리나라 사회복지의 문제는 경제적 어려움과 병리적 상황 또는 취약계층 클라이언트가 우선시되는 경향에 있다고 생각합니다. 인간에게는 경제적 상황뿐만 아니라 스스로를 존중하는 심리적 자활, 다름을 틀림으로 여겨 차별하지 않고 사회구성원으로 존중하며 살아가는 사회적 자활도 중요한데, 우리나라 사회복지는 특정대상에 집중되어 있죠. 물론 정신건강사회복지사와 의료사회복지사, 학교사회복지사라는 영역이 있지만 경제적 빈곤 또는 정신병리에 초점을 두고 있어 다양한 사람들에 대한 보편적 사회복지는 다소 먼 느낌입니다.

저는 동사무소에 들어가서도 드라마집단상담을 했어요. 그 당시 집단상담을 진행한다고 한겨레신문에도 실리게 되었는데, 그렇게 집중도 받게 되고 또 혼자만 생각이 다르다 보니 관심 공무원 취급을 받았죠. 그래서 공공기관에서의 역할보다는 가르치는 것과 심리적 자활, 사회적 자활에 대한 관심을 행동으로 옮기기 위해 퇴직을 하였습니다.

공무원 시절의 활동을 통해 배우고 느낀 것은 무엇인가요?

　　사람들이 왜 힘든가를 살펴보면, 삶에 있어서 자기가 원하는 역할을 못 맡거나 요구받는 역할이 많아서인 경우가 많은데, 이것을 여러 관계와 상황 속에서 비롯되는 역할에 관한 이야기로 봐야 하는지, 병리적으로 봐야 하는지에 대한 질문을 늘 저 자신에게 했습니다. 연극에서는 미친 역을 하다가도 벗어나면 다른 역할을 해야 하잖아요. 그게 일상에까지 이어지면 안 되듯이 인간은 주어진 상황과 관계 속에서 역할을 잘하느냐 못하느냐에 관한 문제와 얽혀 있다고 생각했습니다. 하지만 내가 원하지 않는 역할을 맡거나, 때로는 내가 요구받는 역할이 있을 때 그것을 거절하지 못하거나, 또 내가 하지 않아도 되는 역할인데 너무 과도하게 매달린다면 도움이 안 될 수 있어요.

　　저에게는 저만의 철학을 바탕으로 저만의 역할을 해야겠다는 목표가 생겼어요. 그래서 다시 학업을 시작하기로 마음먹었어요. 방송통신대 초등교육학과를 졸업하고, 사회복지 대학원을 다니게 되었죠. 공무원을 그만두고 저만의 목표를 이루기 위해 한 민간기관에서 2년 정도 일하게 되었어요. 그때 나이가 마흔이었습니다.

Question 공무원을 그만두고 민간기관에서 일을 할 때는
어떻게 지내셨나요?

　　민간기관이 생각했던 상황과 달라서 해고를 또 당했어요. 왜냐하면, 비영리 단체에서 영리적인 일을 하는 것을 보고 일을 못 한다고 말씀드렸어요. 그래도 드라마집단상담 일을 계속해 나갔어요. 지인의 추천으로 가정폭력상담소장을 1년 정도 하고, 알코올 중독 여성들을 위해 일을 하기도 했습니다. 그러는 중에 박사과정을 밟으면서 강의도 하게 되었어요. 유아교육학과에서 인간행동과 사회 환경에 대한 강의를 처음 맡게 된 거죠. 저는 운이 좋았던 것 같아요. 지금까지 한 번도 직장이 없었던 적은 없었으니까요. 물론 열심히 일하기도 했죠.

드라마심리상담가가 되기로 결심한 계기는 무엇인가요?

　제가 하던 아이들을 돌보고, 사회복지 일을 하고, 학생을 가르치는 일들은 모두 사람에 관한 일들이었어요. 그리고 여러 가지 일을 하면서도 '드라마'라는 것은 계속 가까이 하며 유지하고 있었어요. 저의 생활 속에서 '드라마'가 차지하는 비중이 작아질 때도 있고 커질 때도 있었지만, 기본적으로 결은 유지되고 있었지요.

　저는 직업을 고르고 선택할 때 우선 나를 책임질 수 있느냐, 그리고 누군가에게 도움이 되고 있느냐 하는 기준이 충족된다면 무슨 직업이든 나쁘지 않다고 생각해요. 이러한 철학 가운데 2003년도부터 화요심리극장을 하게 되었습니다. 초기에는 정해진 공간이 아니라 이곳저곳을 다니면서 시작했는데, 모토*(motto, 살아 나가거나 일을 하는 데 있어서 표어나 신조 따위로 삼는 말)는 '드라마심리상담을 통해 사람들이 자기 이야기를 하게 하자', 그리고 '드라마심리상담을 대중문화화 하자', '드라마심리상담의 문턱을 낮추자' 등이었어요. 특별히 '드라마심리상담'이라는 용어를 생각한 것은 '치료'는 수동적인 느낌의 단어라는 생각이 들었고, 드라마심리상담의 궁극적 철학인 '치유'라는 단어는 영혼soul과 연결되는 부분이 있기 때문이었죠.

심리극(心理劇)이라고도 합니다. 정확히는 극의 주제가 사적인 문제를 취급할 때만 사이코드라마(psychodrama)라고 하고, 공적인 문제를 주제로 할 때는 소시오드라마(sociodrama)라고 하죠.

사이코드라마는 일정한 대본 없이 등장인물인 환자에게 어떤 역과 상황을 주어 그가 생각나는 대로 연기를 하도록 하며, 그의 억압된 감정과 갈등을 표출하게 하여 적응장애(適應障碍)를 고치는 방법입니다. 심리극에는 시나리오가 있어서는 안 되며, 사전에 연습을 해서도 안 되고 오로지 즉흥극이어야만 합니다. 특정한 옷을 입을 필요도 없고 무대 도구도 필요하지 않아요. 다만 무대 장면을 상상만 하면 됩니다. 그러나 그것만으로 극 속으로 뛰어들 수 없을 경우에는 무대를 어둡게 하거나 여러 가지 색의 조명을 사용하기도 합니다.

관객은 극을 보고 극에 참여함으로써 각자의 심리적 장애를 치료하게 됩니다. 그러므로 이것은 일종의 집단심리요법이 돼요. 심리극은 이론적으로는 모레노의 역할이론*(심리극 집단치료의 창시자인 미국의 정신병리학자 모레노의 이론으로, 인간의 행동을 어떤 내재적인 소질, 재능, 욕망 등의 표현으로서가 아니고 집단 속에서 차지하는 역할을 통해서 설명하려는 이론이다.)에 기초를 두고 있습니다. 이러한 과정으로 심리 상담을 하는 것을 드라마심리상담이라고 하고, 극의 종류는 심리극, 사회극, 역할극, 매체극으로 나눌 수 있습니다.

▶ 사이코드라마 디렉터와 주인공의 만남에는 감동이 있습니다.

'심리극장 청자다방'을 시작하신 이유는 무엇인가요?

우리나라의 사회복지는 도입 시기의 시대적 특징상 빈곤과 정신건강에 어려움이 있는 사람들을 대상으로 하는 것에만 너무 특화되어 있어요. 그러다 보니 평범하게 일상에서 어려움을 경험하고 있는 사람들은 접근이 어렵다고 생각했습니다. 복지란 문제 해결이냐, 문제 예방이냐를 보았을 때 저는 예방의 기능도 있어야 한다고 생각해요. 그래서 사람들이 자연스럽게 자기 이야기를 꺼낼 수 있는 상담을 하고 싶어서 2003년부터 화요심리극장을 연 것입니다. 2008년 서강대 평생교육원에서 대우전임강사를 할 때 학교 앞에서 '심리극장 청자다방'을 공식적으로 시작했고, 2009년에는 본격적으로 사업자등록증을 내고 이 일에 매진했어요.

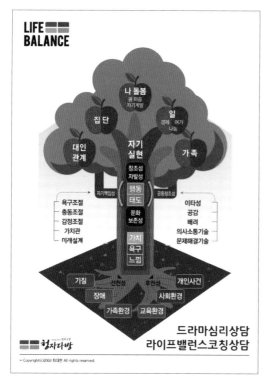

▶ 모레노의 사이코드라마 이론에 최대헌의 라이프 밸런스라는 이론을 연결하여 만든 라이프밸런스 나무입니다. 모든 인간은 나무처럼, 작은 씨앗에서 큰 나무로 성장하고 성숙하게 된다는 의미를 담은 이론을 그림으로 표현하였습니다.

특별히 '드라마'를 상담의 도구로 선택하신 이유는 무엇인가요?

상담이나 교육의 목표는 '변화'잖아요. 변화란 일상의 모습이 변화하는 모습으로서 보일 수 있는 것이라고 생각해요. 행동의 변화가 있어야 한다는 것이죠. 행동변화를 이끌 매개체로는 무엇이 있을까 생각했을 때 극적인 방법이 효과적이라고 생각했죠. 그래서 '드라마'를 상담의 도구로 선택한 겁니다. 우리 인생에는 실험이 없지만 여기서는 실험을 할 수 있거든요. 그래서 저는 이 방법에 대해 확신을 가지고 있습니다.

2006년도에 사이코드라마학회장을 할 때 정신과 의사들의 소개도 많이 받았어요. 하지만 저는 항상 아웃사이더였어요. 저는 사회복지를 할 때도 상담과 치료를 생각했습니다. 하지만 대학원에서는 이런 과목이 개설되지 않았어요. 특수대학원은 자격증이 목표이기 때문에 다른 과목이 들어올 여지가 없었던 거죠. 또 상담 쪽에서 보면 저는 사회복지 전공자여서 그쪽에서도 저는 비주류였어요. 연극 쪽에서 보아도 연극 전공이 아니므로 비주류였고, 또 공무원이라는 백 그라운드가 있으니 저는 다양한 결이 있지만 어느 한 분야에서 인정받지는 못했죠. 그래서 저는 새로운 시도를 했습니다.

어떤 시도를 하셨나요?

심리극, 사회극, 역할극, 매체드라마(영화, 음악, 미술, 문학, 성서, 사진 등) 영역에서 내담자에게 필요한 부분을 충족시키도록 하는 것이었습니다. 또, 드라마심리상담협회를 만들고 인재양성이라는 목표를 세웠어요. 우리나라는 심리 관련 공부를 하는 사람들이 직업을 갖기 위해서 공부를 하기도 하지만 개인적인 관심으로 공부를 하는 경향도 있어요. 저는 심리상담 관련 직업을 갖고자 하는 사람들을 중심으로 인재양성을 하기로 했어요. 그래서 기존 드라마 영역을 베이스로 새로운 세 가지 영역을 만들었습니다. 드라마심리상담은 치유적 접근, 드라마코칭상담은 변화와 성장에 도움을 주는 방법, 드라마코칭은 진로코칭의 내용을 포함하고 있어요.

그리고 2007년도부터 한 지역 교육청의 진로코칭 프로그램을 했는데 주로 행위적 방법으로 접근하는 식이었죠. 하지만 진로성숙*(career maturity, 자신과 직업세계에 대한 이해에 근거하여 자기 진로를 계획, 선택, 변경해 나가는 일련의 발달과정)이 되지 않는 상황에서 진로를 결정하고 탐색하는 방법은 수정을 해야 할 필요가 있겠다고 생각했습니다. 그래서 문제해결에 도움이 되는 드라마퍼실리테이션 등 세 가지 영역을 개발했어요.

Question 이전의 직업들이 현재에 미친 영향은 무엇인가요?

연극을 무대에 올려 봄으로써 연극이 주는 '역할'과 '무대'의 의미를 깨달았어요. 그것이 사람들에게 미치는 건강한 요소들도요. 인생에는 연습이 없지만, 연극이라는 요소, '드라마'라는 것에서는 내가 살아보고 싶은 역할을 연습하고 또 그 모습대로 살아볼 수 있기 때문에, 이 요소들이 사람들에게 건강한 삶을 선물해 줄 수 있다는 것을 배웠어요.

그리고 공무원이었을 때, 민간기관에서 일했을 때 이런 건강한 일들이 실제로 일어날 수 있도록 진행할 수 있는 행정적인 일을 한 것 또한 많은 도움이 되었습니다. 우리 사회를 아주 가까이에서 바라볼 수 있었던 중요한 일들이었죠.

'드라마'라는 무대가, 그리고 역할이 사람들에게 끼치는 영향에 대해 몰입했기 때문에 이전의 커리어를 통해서도 소중한 요소들을 다 만나볼 수 있었던 것 같아요. 궁극적으로 다양한 역할들을 경험했기 때문에 사람들 그리고 저의 상황을 이해할 수 있는 능력을 기를 수 있었습니다.

▶ 서울에 올라오기 전 대구에서 발표한 연극 <금관의 예수> 포스터

드라마심리상담을 하시면서
기억에 남았던 일들을 말씀해 주세요

성매매를 그만둔 여성들이 드라마심리상담을 통해서 변화된 일들, 가정폭력 피해자들이 드라마심리상담을 통해서 아픈 과거가 아닌 평범한 현재를 살아가게 된 일들을 통해 제가 하는 일의 가치를 느끼게 된 것이 기억에 남습니다. 또 노사의 갈등이 있었던 기업체에 가서 집단 드라마심리상담을 했던 일이 있었는  데, 드라마심리상담을 통해 서로의 역할을 이해할 수 있게 되고 나아가 중재가 잘 되었던 일이 생각이 나네요. 그리고 자살 충동이 있었던 내담자가 자신의 상황을 바라보고 이해하면서 자살 충동을 잘 방지하고 관리한 일도 기억에 남고요.

Question 드라마심리상담가로서
반드시 지켜야 할 일은 무엇일까요?

첫 번째로 드라마심리상담가는 기본적으로 내담자가 스스로 잘할 수 있도록 조력해야 합니다. 그러므로 내담자를 믿어야 하죠. 두 번째로 내담자에게 도움이 되지 않더라도 상처는 주어서는 안 되고, 세 번째로는 자신이 하는 일을 과학적으로 설명할 수 있어야 한다는 것입니다. 그래서 늘 공부하고 연구해야 해요. 마지막으로 자기가 하는 일에 확신을 가져야 한다고 말하고 싶습니다.

▶ 강의콘서트 특강에서 드라마심리상담의 철학을 알리는 모습

▶ 현재의 나를 보여주는 거울과 같은 사진

삶의
방향으로써
'진로'를
탐구하다

내담자들이 드라마심리상담을 통해 자신의 상처 혹은 내면의 모습을 들여다 볼 수 있도록 하고, 역할을 통해 자신을 이해하며 발전된 삶을 살아갈 때, 그것에 영향을 미쳤다는 것에 보람을 느낍니다.

Question 청소년들에게 진로와 직업에 관해 해주실 이야기가 있으신가요?

저는 직업에 대해 3가지 철학을 가지고 있어요. 첫째는 삶의 도구다. 둘째는 어떤 직업을 선택하더라도 직업이 삶의 목표가 되어서는 안 된다. 마지막 선택 기준은 직업이 나를 책임지면서 타인과 사회에 도움이 되어야 한다는 것입니다. 이 세 가지가 균형을 이루어야 한다고 생각해서 '라이프 밸런스 이론'을 생각하게 되었죠.

학교에서 많은 진로 특강이 이루어지는데 학생들은 부모님의 직업을 하겠다고 하지 않아요. 왜냐하면 대부분의 부모님은 직업에 대한 만족도가 높지 않거든요. 그래서 학생들도 직업에 대한 기대감이 생기지 않는 거예요. 세상의 부모님들이 자기 직업에 만족도가 높았으면 좋겠어요. 직업이 바뀔지라도 현재의 직업에 좋은 점이 있어야 하는데, 우리 사회는 안정적으로 월급 나오는 일에 만족감을 느끼고 살면 된다고 가르치는 점이 문제라고 생각됩니다. 어차피 만족할 수 있는 것이 없다고 생각되면 남는 시간에 만족을 느낄 수 있는 것을 찾으면 돼요. 왜냐하면 직업은 도구이기 때문입니다.

진로는 기본적으로 직업을 구하는 것이 아니고, 인생 전체가 포함되어 있어요. 가족과의 관계, 개인 관계, 리더십, 나를 돌보는 일, 돈을 버는 일과 이타적인 것에 초점을 두기도 하죠. 이것이 우리의 진로라고 생각해요. 진로는 커리어하고 연결되는 것이지 직업과 연결되는 건 아니라고 생각합니다. 우리나라에서 진로는 새로운 해석이 필요해요. '진로'라는 단어를 한자로 보면 나아갈 진(進)자에 길 로(路)자인데, 진로가 단지 직업이 되는 것은 아니라고 생각하거든요.

자살이나 범죄와 관련된 내담자들을 보니 트라우마에 대한 관심이 많았어요. 저의 연구 대상자는 가정폭력, 성폭력, 성매매 피해자 등이었어요. 여러 연구 대상자들을 만나면서 그들의 삶의 방향성이 뚜렷하지 않다는 사실을 발견했어요. 그래서 학교폭력 예방 강의를 가게 되면 진로교육을 합니다. 삶의 방향성을 먼저 알아야지, 학교 폭력이 나쁘다는 것만 강조한다면 아이들은 삶 전체를 보지 못하거든요. 그래서 저는 진로교육이 삶의 방향 교육이라고 생각합니다. 직업은 도구일 뿐이기 때문이에요. 이처럼 학생들이 큰 삶의 방향을 생각했으면 좋겠어요.

결국 우리 모두의 진로는 죽음으로 가는 것이라고 생각해요. 시간은 다시 돌아올 수 없거든요. 출발점에서 어떻게 나아갈 것인가를 보면 도착점은 같지만, 코스는 모두 달라요. 신은 과정을 선택하도록 하셨는데 선택을 할 때 각자의 나침반(기준)이 있다면 자기의 방향을 어떻게 잡아야 하는지 알 수 있어요. 진로교육은 기준의 참고 사항을 듣는 것이지, 남의 인생을 따라가기만 하면 그것은 실패한 인생이라고 생각해요. 대부분 멋있게 살아야 한다고 생각할 수 있지만, 우리는 우리 삶에 책임을 지면서 사는 것이 마땅한 거지요. 저는 성경 구절 중에 하와가 범죄를 저질렀을 때 아담에게 "너는 어디에 있었느냐?"고 하나님께서 물어보신 장면을 인상 깊게 봤어요. 삶은 항상 자기 자리에 있어야 해요. 저 또한 이러한 질문을 되새기며 스스로 선택한 자리에서 여러 일들을 선택하고, 이루며 살아왔어요. 그렇게 하면 선택할 수 있는 폭이 넓죠. 그러한 자신만의 기준 없이 좋은 직장을 선택하려고 하면 선택의 폭이 좁아서 세상 조건에 맞추어서 죽을힘을 다해야 해요. 어떤 방법으로든 열매를 가지고 싶다면 열심히 해야죠.

직업을 가질 때, '역할'이란 것이 어떤 영향을 끼칠까요?

역할은 명함과 같죠. 내가 무엇을 하는 사람인지를 나타냅니다. 어느 날 갑자기 내가 '심리극장 청자다방'을 안 한다고 했을 때, 내 존재감이 없다고 느끼는 사람은 '심리극장 청자다방'이 곧 자기 자신인 것처럼 살았던 사람인 거죠. 하지만 직업은 많은 역할 중의 하나이지 그것이 그 사람인 것은 아니거든요. 저는 직업은 도구라고 생각합니다. 이것은 항상 바뀔 수 있어요. 예전에는 천직이 있었지만, 하늘이 내려준 직업이 세상 어디에 있을까요? 결국, 인간이 뭐냐고 질문을 한다면 저는 역할을 하는 존재라고 생각합니다. 결국, 우리는 자신을 보호하고, 설명하고, 또 살아가기 위해 수많은 역할을 하는 거예요.

드라마심리상담가의 궁극적 목적은 무엇이라고 생각하시나요?

사람들이 꿈을 꾸게 해주고, 꿈을 갖게 해주고, 꿈을 이루는 일을 돕는, 촉진자로서의 역할이 목적이라고 생각해요. 그렇다면 꿈이란 무엇인가? 그것은 어떤 상황과 관계 속에서 내 역할을 창조하면서 살아가는 것이라고 말하고 싶어요. 좋은 역할이라고 정해진 것은 없지만, 자신을 책임지고 그것이 누군가에게 도움이 된다면 어떤 역할도 가능하다고 생각해요.

▶ 성매매예방을 위한 토크쇼에 참여하여
  맑은 세상을 만들어 갈 수 있도록 노력하는 모습

드라마심리상담은 '놀이'다.

게임은 승패가 있지만 놀이는 승패가 없잖아요. 드라마라는 놀이를 통해 함께 그 시간을 즐기고 역할을 경험하고, 나아가 그 경험한 것을 통해 세상에 나갔을 때 자발적이고 창의적인 삶을 살아갈 수 있다고 생각합니다.

Question 드라마심리상담을 통해
구현하고자 하는 꿈은 무엇인가요?

자신을 책임지는 사람이 늘어나고, 그런 사람들이 타인들과 함께 잘 살아가는 것입니다.

Question 드라마심리상담가로서 청소년들에게
조언 한마디 부탁드려요.

우리는 죽기 전까지 스스로를 규정 짓거나 포기해서는 안 된다.

늦둥이로 태어나 미미인형을 가지고 놀기 좋아하던 아이는 서태지와 아이들의 음악에 위로를 받으며 논리적인 수학 과목을 좋아하는 고등학생으로 자랐다. 학창 시절부터 친구들의 힘든 이야기를 들어주고 소외된 아이들에 대한 남다른 관심을 가졌다.

수학을 좋아했지만 한 번의 대입 실패로 자신의 적성과 진로에 대해 진지하게 고민하다가 유아교육에 흥미를 느껴 대학에서 아동복지학을 전공하게 되었다. 현장 실습 기간 동안 집단 활동에 적응하지 못하고 반항적인 모습을 보이던 아이들이 실습 선생님들의 꾸준한 관심으로 변화하는 과정을 보면서 아동상담, 놀이치료의 매력에 푹 빠져 대학원에서 석·박사 과정을 밟으며 놀이치료사, 청소년상담사 등의 자격을 취득했다.

현재 아동상담센터 소장으로서 아동들과 부모님들에게 긍정적이고 선한 영향력을 줄 수 있도록 자신의 삶을 더욱 건강하게 만들어 가고 있다.

- -

놀이치료사
홍혜교 소장

현) 밝은마음 아동청소년 상담센터 소장
전) 영동대학교 사회복지학과 강사
전) 산업기술대학교 평생교육대학원 강사
- SBS <긴급출동 SOS 24>, MBC <오늘아침>,
  iTVFM <여기는 상담실입니다> 자문위원
- 숙명여자대학교 아동복지학과
  아동심리치료 전공 석·박사
- 숙명여자대학교 아동복지학과 학사
- 청소년 상담사 1급 (여성가족부)
- 놀이심리상담사 1급 (한국놀이치료학회)

놀이치료사의 스케줄

홍혜교
놀이치료사의
하루

19:00~22:30
▶ 퇴근 및 저녁 식사
▶ 휴식

6:30~7:30
▶ 운동, 명상

13:00~19:00
▶ 상담(놀이치료 / 청소년상담)
▶ 일지 작성 등 서류 작업

8:30~10:00
▶ 출근 및 업무 준비

12:00~13:00
▶ 점심 식사

10:00~12:00
▶ 상담(부모상담 / 성인상담)
▶ 보고서 작성 등 서류 작업

미미 인형을
좋아하던 아이,
놀이치료사가
되다

▶ 초등학교 4학년 때 학년 대표로 연구 발표하는 모습

▶ 초등학교 6학년 때 학예발표회 - 크리스마스 송가
주인공(스쿠루지) 역할

▶ 고등학교 1학년 때 방송제

학창 시절엔 어떤 학생이었나요?

저는 막내에 늦둥이로 태어나서 외동아이처럼 혼자서도 잘 놀았어요. 장난감은 제게 익숙했던 친구였고 미미 인형은 청소년이 될 때까지도 간직할 만큼 좋아했던 놀잇감이었어요. 친구들 사이에서는 재미있고 편한 아이였던 것 같아요. 특히 친한 몇몇 친구들과 깊이 있는 관계를 유지하며 지내는 편이었어요. 중·고등학교부터는 저의 성향이 더 잘 드러났습니다. 여러 방면에 호기심과 관심이 많기도 했지만, 친구들이 힘든 이야기나 마음 속 이야기를 털어 놓는 것을 잘 들어 주었고, 학교에서 소외되는 아이를 보면 저와 친하지 않더라도 관심이 갔어요. 그럴 때는 학교의 대처 방안에 대해 불만을 느끼기도 했고요.

Question **어릴 적 장래 희망은 어떤 것이었나요?**

어릴 적에는 의사가 꿈이었어요. 중학교 1학년 때 붕어 해부 실습을 했는데, 그때 피비린내에 너무 충격을 받아서 의사는 할 수 없다고 생각했어요. 그 후, 수학을 좋아해서 수학자가 되거나 수학 관련 직업을 갖고 싶다고 생각했습니다. 논리적인 추론과정을 통해서 여러 가지 방법으로 해답을 도출하는 수학 과목은 정말 재미있었어요.

기억에 남는 학창 시절 에피소드가 있으신가요?

중·고등학교 때 서태지와 아이들의 팬이었어요. 서태지와 아이들의 노래를 들으며 많은 위로도 받고, 학업 스트레스를 풀었던 기억이 있어요. TV나 신문에 서태지와 아이들의 기사만 나와도 엄마와 언니들이 먼저 알려주었고, 그런 소소한 것들을 통해 사춘기 때에도 가족들과 소통을 많이 했어요. 부모님께서 당연히 안 된다고 하실 줄 알았는데, 언니들의 도움으로 난생 처음 콘서트를 가기도 했었죠. 고등학교에 입학해서 처음으로 교복을 입고, 야간자율학습을 하면서 무언가 알 수 없는 답답함을 느꼈었는데, 콘서트장에서 서태지와 아이들의 '교실이데아'를 함께 부르며 큰 위로를 받았던 기억이 있습니다.

그리고 고등학교 때 방송반 활동을 했어요. 처음엔 단순한 동아리 활동으로 생각했었는데, 방송반의 성격상 매일 아침 명상, 점심시간 방송과 1년에 한 번 있는 방송제를 준비해야 했습니다. 선배들의 규율도 엄한 편이어서 처음에는 탈퇴도 생각할 정도로 힘들었어요. 하지만 방송반 활동을 통해 다양한 경험들을 하면서 많이 배우게 된 것 같아요. 저는 방송반 아나운서여서 합창대회와 같은 교내 행사의 사회를 보기도 했었죠. 생방송은 언제나 많이 긴장되고 힘들기도 했지만, 가끔 친구들이나 선생님들께서 제 방송을 듣고 좋았다고 이야기해주면 기분이 아주 좋았어요. 방송반 선후배들과의 관계를 통해 인간관계에 대해 배운 점도 많았고요.

Question 아동복지학을 전공하신 이유는 무엇인가요?

돌아보면 저는 청소년기에 학업 스트레스가 심했던 것 같습니다. 중학교 때까지의 자유로운 분위기와는 달리 고등학교에 입학하면서 모두 똑같은 교복을 입고, 강제로 야간 자율학습을 해야 하는 상황이 너무나 답답했죠. 고등학교 때까지만 해도 수학 외의 다른 전공은 전혀 생각하지 않았는데 대입 실패 후 재수를 하게 되면서 변화가 있었어요. 대입 실패로 인생의 어려움을 처음으로 경험했고, 우울하기도 했지만 그 시기에 만난 친구들과 소통하면서 제 적성과 진로에 대해 다양하게 생각하게 됐지요. 재수를 하면서 제가 이과보다는 문과 쪽 성향이 강하다는 것을 알게 되었고, 유아교육에 흥미를 느끼게 되었어요. 유아교육에 관심을 갖게 되면서 심리적으로 적응이 어려운 유아들은 놀이를 통해 상담을 하기도 한다는 것을 알게 되었죠. 놀이치료는 숙명여자대학교 아동복지학과에서 배울 수 있다는 것을 알고 지원하게 되었습니다.

Question 진로를 결정할 때 영향을 받은 요소가 있나요?

되돌아보면 중학교 때 우연히 프로이트*(1856~1939, 오스트리아의 정신분석학자, 이드(원초아)-에고(자아)-슈퍼에고(초자아)의 3박자 도식으로 무의식의 작동 방식에 대해 설명했다)의 일대기를 다룬 영화를 봤는데, 그 당시엔 프로이트를 모르는 상태였는데도 꿈을 통해 사람의 정서와 심리를 해석하는 것들이 재미있고 신기하다는 생각을 했어요. 고등학교 1학년 때 아현동 도시가스 폭발사고*(1994년 12월 7일, 애오개역 4번 출구 방향에 있던 도시가스 밸브스테이션에서 공사 중 일어난 폭발로 화재가 발생하여 많은 손실과 인명피해를 남겼다)가 있었는데 그 지역에 사는 친구들이 집을 잃고 다친 상황에서도 기말고사를 강행하는 학교에 많이 놀랐었죠. 또, 체육 시간에 선생님이 저희 반의 한 학생에게 장난삼아 지어준 별명으로 인해 그 아이는 3년 간 다른 아이들의 놀림을 받기도 했어요. 이런 크고 작은 사건들이 고등학생인 저에게는 큰 충격이었죠. 그런데 지금 생각해보면 이러한 경험들로 인해 제가 유치원이나 학교에서 잘 적응하지 못하는 유아나 청소년들에게 관심을 갖게 된 것 같아요.

대입 실패 후, 재수를 하면서 아무래도 자신감도 많이 떨어지고 우울해졌어요. 그러면서 자연스럽게 그 당시의 저처럼 '힘들고', '지친' 사람들에게 관심을 갖게 되었던 것 같습니다. 그 당시 제가 관심을 갖고 있었던 유아교육에서는 '적응하지 못하는 유아'가 그 대상이었고요. 그런 막연한 생각으로 대학에 입학을 했죠.

　　본격적으로 놀이치료에 관심을 갖게 된 것은 대학교 3, 4학년 때의 실습 경험을 통해서였어요. 아동복지학과에서는 사회복지사자격증과 보육교사자격증, 유치원교사자격증을 딸 수 있습니다. 그래서 저는 3번의 실습을 나가게 되었어요. 종합사회복지관, 어린이집과 유치원에서 다양한 연령의 유아와 아동들을 만났는데, 특히 여러 프로그램들 속에서 적응하지 못하고 일탈하는 소수의 아이들이 눈에 띄더라고요. 저는 실습 기간 동안 집단 활동에서는 집중을 잘 못하거나 반항적인 모습을 보이던 아이들도 저와 같은 실습 선생님이 꾸준히 관심을 가져주면 조금씩 변화하는 것을 경험했어요. 그 시기에 아동상담, 놀이치료와 같은 전공 수업을 들으면서 놀이치료의 매력에 더 빠지게 되었죠. 실습을 통해 만났던 아이들을 통해 아이들에게는 자신의 문제를 스스로 해결할 수 있는 잠재 능력이 있다는 믿음을 가졌거든요. 부모님, 그리고 아이들 자신도 모르는 그 잠재 능력을 발휘하도록 도와주는 놀이치료사의 역할은 너무나 매력적이었습니다. 이후에는 교수님께서 대학원 진학을 추천하셔서 자연스럽게 대학원에 가게 되었어요. 교수님들의 실제 상담 사례와 새로운 이론들을 배우는 대학원 수업은 정말 재미있었어요.

놀이치료사가 되기 위해 어떤 과정을 밟으셨나요?

대학교 때는 놀이치료, 아동상담 등 상담과 관련한 전공 수업을 들으며 재미있게 공부를 했습니다. 학교 수업 외에도 놀이치료와 관련한 특강이나 워크숍에 참석하기도 하면서 다양한 경험을 하려고 노력했어요. 대학원 석사과정 때 교육분석*(상담자들을 위한 심리치료로 상담자의 개인적 그리고 전문적 성장을 획득하는 데 중요한 활동)을 받으면서 저 자신에 대해 알아가는 과정은 힘들기도 했지만 새로운 경험이었고, 이 과정을 통해 진정한 '나'를 찾아가는 첫 걸음을 뗄 수 있었던 것 같아요.

대학원을 졸업하기 전에 종합사회복지관의 놀이치료사로 조기 취업을 했는데 일을 하면서 많은 것을 배울 수 있었어요. 선배 놀이치료사 선생님들께 슈퍼비전*(전문상담자가 되고자 하는 수련생에게 적절한 직업적 행동을 습득할 수 있도록 슈퍼바이저가 도와주는 계속적인 교육과정)을 받으면서, 학교에서 배웠던 이론과 상담 기술들을 실제 상담 현장에서 어떻게 접목하여 사용하는지 구체적으로 깨닫게 되었죠. 또한, 이 시기에 놀이치료사, 청소년상담사 등의 자격증 시험을 준비하고, 자격증을 취득했어요.

전문가로서 더 필요한 부분이 있다고 생각하여 석사를 마치고 2년 정도 일을 하다가 다시 박사 과정에 들어갔어요. 박사 과정에서 놀이치료나 부모 상담뿐 아니라 청소년 상담과 연구 방법에 대한 수업을 들으면서 아동상담, 학교폭력 등에 대한 다수의 소논문을 학회지에 게재하였습니다.

놀잇감을
매개로
감정을 표현하는
놀이치료

▶ 모래 놀이치료 작품 사진

▶ 집단 놀이치료 작품 사진

▶ 집단 놀이치료 모습

현재 하고 계신 일, 근무하고 계신 곳을 소개해 주세요.

저는 인천 서구에서 아동청소년 상담센터를 운영하고 있어요. 심리적으로 어려움을 겪고 있는 유아, 아동, 청소년을 대상으로 상담을 하고 있지요. 저희 센터에서는 놀이치료, 모래놀이치료, 미술치료, 심리운동 등 다양한 상담 서비스와 언어치료, 인지치료 등 발달재활 서비스를 제공하고 있습니다. 그 중에서는 저는 놀이치료, 모래놀이치료, 청소년 상담, 부모 상담을 합니다. 이 중에서 놀이치료에 대해 간단히 설명드릴게요. 유아나 아동들은 성인처럼 자신의 문제를 직접 이야기하기 어렵기 때문에 '놀잇감'이라는 매개를 이용하여 놀이를 하면서 자신의 마음(또는 심리적 문제)을 스스로 표현하고 해결할 수 있도록 돕는 상담 방법입니다.

그리고 부모 상담에서는 부모님들이 자녀의 성향과 강점, 발달적인 특징들을 이해하고, 자녀와 소통할 수 있도록 돕는 역할을 하지요.

Question

놀이치료 상담은 구체적으로 어떻게 진행되나요?

한 사례를 들어 이야기하자면 6세 유아와의 놀이치료 상황에서, 놀이치료사와 아이가 친구 역할을 하면서 소꿉놀이를 했습니다. 내담 아동은 친구(놀이치료사)를 집에 초대한 후, 막상 친구가 집에 놀러 가면 친구가 말을 걸어도 대답을 하지 않았어요. 친구는 그것을 못 본 척하고 강아지에게만 말을 걸고 밥을 주었죠. 그러다가 친구에게 장을 보러 마트에 가자고 해서 함께 버스를 탄 후에, 친구는 버스에 두고 혼자 버스에서 내리는 놀이를 반복했습니다. 이러한 내용의 놀이가 반복되면서 아이가 유치원에서 친구들에게 따돌림을 당했다는 것을 확인할 수 있었어요. 그동안 아이가 부모님과 선생님께 이야기를 전혀 하지 않아서 어른들은 몰랐지만, 놀이치료를 통해 아이가 현재 경험하고 있는 심리적인 어려움이 자연스럽게 드러난 것이죠.

이 아이는 놀이치료 초반에는 친구를 소외시키고 무시하는 놀이를 반복했지만, 점차 시간이 지나면서 조금씩 친구에게 말을 걸고, 친구와 함께 음식을 만들어서 먹거나 함께 하는 놀이를 하는 식으로 변화했습니다. 그리고 실제로 유치원에서도 친구들과의 관계에서 조금씩 자신의 목소리를 낼 수 있는 힘을 갖게 되었죠.

놀이치료 과정에서 아동은 놀이치료사와의 상호작용을 통해 자신이 있는 그대로, 가치 있는 존재로 수용되는 경험을 하게 되는데, 바로 이러한 사례가 그에 해당되겠지요. 이러한 과정을 통해 아동은 스스로 자신의 어려움을 해결할 수 있는 힘을 갖게 됩니다.

그리고 부모상담은 부모님들이 자녀의 성향과 강점, 발달적인 특징들을 이해하고, 자녀와 소통할 수 있도록 돕는 역할을 하는 것이지요. 첫 상담을 할 때는 "내 아이지만 그 속을 도통 모르겠어요."라고 말하는 부모님들이 많아요. 그동안의 양육 스트레스, 아이와의 갈등 등으로 너무 지쳐서 아이의 장점보다는 문제점만 생각하는 부모님들도 있고요. 하지만 상담을 하면서 조금씩 달라지는 아이들만큼이나 부모님들 역시 변화하는 것이 보입니다. 엄마, 아빠가 가지고 있는 '~해야 한다'는 틀을 조금씩 내려놓고, 부모와는 다른 방식이라도 아이들 나름대로의 방법을 선택해서 해낼 것이라는 '믿음'을 갖게 되는 것이 가장 큰 변화라고 생각합니다.

Question   놀이치료사로서 경험한 특별한 에피소드가 있으신가요?

제가 대학원 실습 때 만났던 아이인데 처음 어머님께서 아이에 대해 말씀하실 때 아들이 아니고 남편이라면 이혼을 했을 거라는 말씀을 하시더라고요. 아이가 너무 싫어서 버리고 싶다는 말씀까지 하셨죠. 상담을 해 보니 아이는 너무나 자유분방한 아이였고 어머님은 자신의 틀이 강한 성향으로, 아이와 어머님의 성향이 전혀 다른 것이었습니다. 아이와 놀이치료를 하는 중에도 아이와 엄마의 갈등이 고스란히 드러났어요. 아이는 엄마로 연상되는 놀잇감을 반복적으로 감옥에 넣거나 수갑을 채우며 통제하려고 했어요. 하지만, 놀이치료를 진행하면서 아이는 점차 게임을 하면서도 승부에 집착하지 않고, 상대팀의 하이라이트 장면을 재연하면서 격려도 하는 등 놀이를 하는 상황 자체를 즐기게 되었어요. 놀이치료 마지막 시간에는 마을을 꾸미고 평화로운 상황을 관망하는 이야기를 만들었어요. 놀이치료와 부모상담을 진행하면서 어머님도 아이에게는 엄마의 방식과는 다른 아이만의 삶의 방식이 있다는 것을 인정하고 믿어주셨습니다. 이미 학교에서 배웠던 이론과 연구 결과들이었지만, 제가 처음으로 놀이치료를 하면서 아이를 있는 그대로 인정해 주는 것이 아이를 건강하게 성장시키는 방법이라는 사실을 몸소 경험했던 소중한 추억입니다.

그리고 최근에 상담한 아이 중에 7살인데 발달이 느려서 5세 수준의 지적 능력을 가지고 있고 언어 표현이 잘 되지 않는 친구가 있었어요. 아이의 어머님이 가게를 오픈하게 되면서 하루에 한 시간도 아이와 보낼 시간이 생기지 않고, 아이의 아버님이 보살핌을 도맡아 하시게 된 상황이었죠. 하루는 아이와 놀이치료를 하는데, 아이는 공룡을 놀잇감으로 정했고 자기를 나타내는 아기 공룡으로 다른 엄마 공룡한테 가서는 "우리 엄마는 싫고, 이 엄마가 우리 엄마였으면 좋겠다."라고 하더라고요. 일상생활에서 아이가 엄마를 많이 찾지 않았기 때문에 어른들은 아이가 아직 어리고 발달이 늦어서 엄마의 빈자리를 잘 인식하지 못한다고 생각했고, 아이도 자신의 마음을 언어로는 표현하지 못했지만, 놀이를 통해 엄마의 빈자리와 엄마에 대한 서운함을 표현했던 거예요. 이렇게 아이들은 자신의 이야기를 '언어'가 아닌 '놀이'나 '표정' 등 다양한 방식으로 표현하고 있습니다.

아이들은 무의식적인 것을 표현하기 때문에 저 스스로 편협하면 안 된다는 생각을 많이 해요. 아이들의 내면세계를 이해하기 위해 꾸준히 지도를 받고, 다른 상담전문가들과도 소통하면서 사고의 폭을 넓히는 것이 매우 중요합니다.

Question 놀이치료사로서 어떤 점이 힘드셨나요?

　놀이치료를 하다 보면 아이가 보이는 문제가 부모님과 관련되는 경우가 많이 있어요. 이런 경우 아이의 놀이치료만큼이나 부모상담이 중요하지요. 그런데 부모님이 자신의 문제를 인식하지 못하고 모든 것을 아이 탓으로 돌리는 경우에는 상담이 쉽지 않아요.

　특히 초보 상담자일 때는 상담 경험이 많지 않아서 방어적인 부모님과의 상담이 많이 힘들었어요. 엄마, 아빠가 왜 자신의 자녀를 비난하고 탓하려고만 하는지 이해하기 어려운 경우도 있었죠. 하지만 상담을 하면서 냉소적이고, 방어적인 부모님들이 사실은 자신이 위로받고 싶어하는 경우가 많다는 것을 알게 되었습니다. 자녀가 문제행동을 보일 때 부모가 얼마나 힘들고, 무섭고, 무기력해지는지 조금씩 이해하게 되었어요. 상담자인 제가 아이 양육에 지친 부모의 상황을 진심으로 이해하고, 공감하는 것이 아이의 문제를 해결하는 하나의 열쇠가 된다는 것을 깨닫게 되었어요.

Question 관심을 갖고 연구하고 있는 놀이치료 주제가 있으신가요?

　요즘 연구 주제는 모성이에요. 연구를 하면서 모성에 대해 많은 생각을 하게 되는데 사회가 변화하면서 부모의 역할 또한 왜곡되고 있는 것 같아요. 그동안 우리가 이상적이라고 생각해왔던 모성은 현대 사회의 관점에서 보면 어머니의 일방적인 희생이 강요되는 것이라고 생각될 수  있어요. 하지만 아직도 무의식적으로 '어머니'라는 단어가 주는 희생적인 의미를 무시할 수 없죠. 상담을 하다 보니 많은 어머니들이 개인적인 자신의 욕구와 어머니로서의 역할 사이에서 갈등하고 있다는 것을 알게 되었습니다. 좀 더 체계적인 연구를 통해 현대 사회에 적합한 모성, 어머니의 역할에 대해 이야기하고 싶어요.

주변 지인들이 아이들에게 문제가 있을 때나 심리적으로 힘든 일이 있을 때 조언을 구하는 경우가 많아요. 제 친구들뿐 아니라 친구의 친구, 가족의 지인들 등 많은 분들이 자녀 양육에 대해 궁금한 점들을 물어보기도 하죠. 상황에 따라 전문적 상담이 필요하다고 판단되는 경우에는 조언에 그치지 않고, 상담을 권유하기도 합니다.

처음에는 상담에 대해 거부감을 갖거나 낯설게 느끼기도 하지만, 실제로 상담이나 놀이치료를 경험한 지인들은 매우 긍정적인 변화를 이야기하며 고마워합니다. 그들 스스로 자신의 지인들에게 놀이치료의 효과를 전하기도 하고요. 그럴 때는 놀이치료사로서 뿌듯함을 느낍니다.

상담은
'진정한 나'를
발견하고,
문제 해결 방법을
찾는 길

▶ 집단 게임 놀이치료 활동

▶ 모래 놀이치료 활동 사진

▶ 게임 놀이치료 활동 사진

놀이치료사 일을 하시면서
새롭게 알게 된 점은 무엇인가요?

놀이치료를 할 때 아이는 놀잇감을 선택하고 자기의 이야기를 만들어요. 놀이는 아이가 말하려는 이야기의 도구가 되죠. 아이들의 놀이를 통해 아이의 문제를 살펴보면 결국 부모님의 문제인 경우가 많아요. 그래서 부모님께 아이를 대변하듯 말할 때도 많이 있었죠. 하지만 이제는 과거나 미래를 말하기보  다 현재 아이와 시간을 보내는 것에 초점을 맞추어 상담하고 있어요. 부모님들께도 지금 변하면 된다는 이야기를 많이 합니다. 상담을 하면서 내담자들에게 과거에 얽매이며 미래를 걱정하기보다는 지금, 여기에서 변하면 된다는 이야기를 많이 해요. 또한 놀이치료사는 내면이 건강해야 하는 직업이라고 생각합니다. 아이들과 저는 소통하고 있고 그게 저한테 에너지가 되는 것 같아요.

Question 놀이치료사로서 느끼는 보람은 무엇인가요?

대부분 어릴 적부터 상담을 받았던 아이들은 자신이 상담을 받아야 하는 시기를 알고 있어요. 그리고 상담을 받는 것에 대해 자연스럽게 생각합니다. 유치원 때 상담을 받았던 아이가 상담을 종결한 후, 사춘기가 돼서 찾아오기도 하고 성인이 돼서 찾아오기  도 하고 벌써 결혼을 한 아이들도 있어요. 상담을 받았던 아이들은 방황하더라도 자기의 길을 잘 찾게 되는 것 같아요. 저는 이렇게 아이들이 건강하게 성장하는 것을 보면서 보람을 느낍니다.

소장님에게 '놀이'란 어떤 의미일까요?

저는 놀이 자체가 그냥 좋아요. 놀이 자체가 힐링
이 되기도 하고, 아이들과 함께 소통하는 매개체가
되니까요. 놀이는 언어로 표현하기는 어려운 아이들
이 자신의 생각과 감정을 표현할 수 있는 도구가 되
지요. 아직도 놀이치료를 하면서 어린 아이들이 놀
이를 통해 자신의 생각과 감정을 표현하는 것을 보
면 신기하고, 놀랄 때가 많습니다. 놀이는 그 자체로 아이들의 내면세계를 보고, 소통할
수 있다는 점에서 정말 매력적이에요.

놀이치료의 매력을 꼽자면 무엇일까요?

놀이치료의 재미있는 점은 개개인이 다르다는 점이에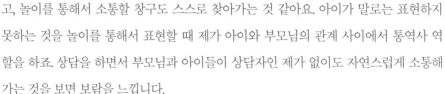
요. 서로 다른 선택과 표현의 방법으로 소통하고 그것을 인
정하는 과정을 통해 존중감을 찾게 되지요. 사람은 사회적
동물이어서 소통하고 말하고 싶은 욕구는 누구에게나 다
있는 것 같아요. 아이들을 보면 재미없는 아이가 없어요. 제
가 아이들에게 반응해주면 아이들은 스스로 자기를 발견해 나가
고, 놀이를 통해서 소통할 창구도 스스로 찾아가는 것 같아요. 아이가 말로는 표현하지
못하는 것을 놀이를 통해서 표현할 때 제가 아이와 부모님의 관계 사이에서 통역사 역
할을 하죠. 상담을 하면서 부모님과 아이들이 상담자인 제가 없이도 자연스럽게 소통해
가는 것을 보면 보람을 느낍니다.

제 삶의 목표는 신체적으로나 심리적으로 건강한 사람이 되는 것입니다. 제가 건강해야 개인적으로 행복할 수 있고, 상담자로서 만나는 아동들과 부모님들에게 긍정적이고 선한 영향력을 줄 수 있으니까요.

Question 삶의 비전을 위해서 어떤 노력을 하고 계신가요?

제 삶의 목표인 신체적으로나 심리적으로 건강한 사람이 되기 위해서는 일과 개인적인 생활의 균형을 유지하는 것이 중요하다는 생각을 해요. 일을 하는 시간에는 상담자로서 최선을 다하고, 퇴근 후에는 '상담자'로서의 역할이 아닌 '나 자신'만의 시간을 가지면서 쉬려고 합니다. 공연이나 영화를 보고, 독서를 하는 등 여가활동들을 통해 저를 채우려고 노력하고 있습니다. 아침 시간에는 짧게라도 명상을 통해 저만의 시간을 가지려고 하고, 산책이나 자전거 타기 등 운동도 꾸준히 하고 있어요.

Question 놀이치료사를 꿈꾸는 청소년들이
무엇을 준비하면 좋을까요?

실제로 학부에는 놀이치료학과가 많이 없어서 상담이나 아동복지 등 관련분야를 전공하고 대학원에서 놀이치료를 공부하는 것이 좋은 방법이 될 것 같아요. 상담에 대한 기초는 탄탄히 준비하는 게 가장 중요합니다. 저의 경우에 처음에는 놀이치료로 시작했지만 상담을 하면서 청소년상담과 부모상담이 연결된다는 것을 실감했고, 결국 청소년상담, 성인상담까지도 계속 공부하여 아동부터 성인에 이르기까지 상담 대상의 폭을 넓히게 됐어요. 결국, 상담이라는 것은 인간을 더 알게 되는 과정이고, 건강하게 그때그때 성장하고 배우며 변화하는 과정을 만들어 가는 것이라고 생각합니다.

그래서 저는 놀이치료나 상담에 관심이 있는 청소년들이 심리학이나 상담 쪽에만 너무 집중하기보다는 청소년기에 경험할 수 있는 여러 가지 다양한 활동들을 경험하면서 자신의 삶을 즐기는 것이 중요하다고 생각해요. 상담이나 심리 관련 공부는 대학에 진학해서 충분히 할 수 있으니까요.

Question ## 놀이치료사로서 청소년들에게 조언 한마디 부탁드려요

청소년들에게 하고 싶은 말은 부모님, 선생님, 친구들이 이야기하는 인생이 아닌 "진정한 나의 삶을 살아라!"라는 것이에요. 공부를 열심히 하는 것, 친구들과 소중한 추억을 쌓는 일들 모두 중요하지만 자기 삶의 주인공은 '나'라는 것을 기억했으면 좋겠어요. 사실 이 이야기는 저를 비롯한 어른들에게도 해당되는 것이죠.

자기 삶의 주체성을 가지려면 누군가의 강요나 기대에 의해서가 아니라 '내'가 원하는 것을 탐색하고, 선택하고, 책임지는 것을 인생에서 반복적으로 연습하고 배워나가야 한다고 생각해요. 어릴 때부터 자유로운 선택과 그 선택에 대한 책임을 경험하면서 단단해진다면 스스로의 삶을 책임질 수 있는 진짜 멋진 어른이 될 수 있지 않을까요? 그것이 결국 자신을 존중하는 행위이고, 자신을 존중할 수 있어야 나 아닌 다른 사람도 존중할 수 있거든요.

어린 시절부터 가야금을 벗삼아 음악과 소통하며 연주를 통해 스트레스를 해소하는 경험을 쌓았다. 적성을 살려 국립국악고등학교에서 가야금을 배웠으며 한국음악을 전공했다. 대학에서 음악치료강좌를 들으면서 음악치료 현장을 쫓아 다니며 처음 접하게 되었다. 하지만 정작 음악치료사의 길은 대학을 졸업하고 연주자로 활동하다가 결혼을 하고 아이를 낳은 뒤부터 걷게 되었다. 아이의 심리를 이해하기 위해 심리학을 공부하다가 전공이 음악이다보니 음악 심리에 관심을 가지게 되었다.

음악치료사가 된 후 연주를 통해 내담자와 함께 교감하고 소통할 수 있다는 점이 가장 큰 기쁨이었다. 현재 상담센터에서 다른 분야의 예술치료사들과 함께 장애인과 저소득층을 위한 심리 상담을 하고 있다. 음악과 함께 그림을 좋아하는 그는 음악을 들으며 그림을 그리는, 음악과 미술을 조합한 예술치료를 오래 전부터 시도하고 있다.

음악치료사
조은경 치료사

현) 다솔아동청소년 발달센터 음악치료사
전) 명지병원 예술치유센터
    치매노인 뇌활성 프로그램 음악치료 협동치료사
전) 강남성심병원 신경정신과 폐쇄병동 음악치료사
전) 요셉의원 노숙인들을 위한 음악치료수업 음악치료사
- 미추홀국악관현악단 단원
- 이화가야금합주단 단원
- 이화여자대학교 한국음악과 학사
- 대한음악치료학회 음악치료사 2급 자격증

음악치료사의 스케줄

조은경 음악치료사의 하루

21:00 ~ 24:00
- 독서
- 음악감상
- 그림 그리기

06:30 ~ 08:00
- 아침식사
- 가족들 출근과 등교 챙기기

18:00 ~ 21:00
- 저녁식사
- 가족과 함께 휴식

08:00 ~ 12:00
- 운동
- 심리학강의 수강
- 스터디

13:00 ~ 18:00
- 상담센터 출근
- 내담자 상담

12:00 ~ 13:00
- 점심식사

학창 시절
최고의 벗,
'가야금'

▶ 오빠들과 집에서 한 컷

▶ 국악고등학교 시절 신입생 환영 연주회

▶ 이화여자대학교 졸업식 음대 앞에서

학창 시절 저의 성적은 중상위권 정도였어요. 공부를 좋아하는 학구파는 아니었죠. 미술, 음악, 글짓기를 좋아했고, 그 시간을 무척 기다렸던 것 같습니다. 어린 시절부터 짜여 있는 것을 학습하고 외우는 것보다 개성과 자유가 허용되는 예체능 과목을 무척 선호했어요. 경쟁을 하고 순위를 매기고 우열을 다투는 분야는 선천적으로 기피했던 것 같아요. 지는 것도 싫었지만 누군가를 이기고 올라서는 것도 마음이 불편했거든요. 그에 비해 주관적인 평가가 가능한 분야는 제 마음을 무척 자유롭고 편하게 해주었죠. 어릴 때부터 자연스럽고 불편하지 않은 마음이 가장 예쁜 마음이라고 생각했습니다.

그리고 저는 어릴 때부터 가야금을 배웠어요. 아버지께서 음악을 무척 좋아하는 분이셔서 초등학생인 제게 악기를 사주셨고, 꾸준히 레슨도 받게 되었습니다. 가야금은 제게 그 누구도 끼어 들 수 없는 최고의 친구였어요. 악기와 대화하고, 느낌과 감정을 표현하고, 연주를 통해 스트레스를 해소하는 경험을 어린 시절부터 차곡차곡 해왔죠. 그만큼 가야금을 좋아하니 당연히 잘하게 되었어요. 처음에는 취미였는데 자연스럽게 전공으로 이어졌습니다.

학창 시절, 가정의 분위기와
가족들과의 관계는 어땠나요?

저의 아버지는 국립대학교 철학과 교수님이셨어요. 제 기억으로 저희 집은 부자도 아니고 그렇다고 부족하지도 않았어요. 아버지는 검소한 것을 무척 좋아하셨지만 교육이나 책, 저의 악기나 레슨 등에 돈을 쓰는 것에는 호의적이셨어요. 물질적인 삶의 수준보다는 정신적인 윤택함을 중시하는 분이셨으니까요. 어린 마음에 큰 집과 멋진 차, 맛있는 음식을 향유하는 사람들을 부러워했지만 지금 생각해보면 아버지의 선택이 옳았다고 생각합니다. 사람의 가치는 결국 내면의 가치로 인정받게 되어있으니까요. 그런 면에서 저희 아버지는 멋쟁이셨어요.

저에게는 위로 6살, 3살 터울의 오빠가 둘 있습니다. 큰오빠와는 나이 차이가 많이 났고, 작은오빠는 워낙에 개구쟁이어서 여자 아이인 저와는 노는 방식에서 차이가 컸던 것 같아요. 오빠들은 까다롭고 예민한 저와 놀아주는 것을 힘들어했어요. 자연스럽게 어린 시절부터 혼자서 노는 버릇이 생겼습니다. 그래서 악기 연주에 더 심취할 수 있었던 거라 생각해요.

Question

기억에 남는 학창 시절 교내·외 활동이나
에피소드가 있으신가요?

피아노나 무용, 성악을 배우는 친구들은 많았지만 가야금을 하는 학생은 정말 드물었어요. 저는 아주 어린 시절부터 이름 대신 "가야금!"으로 불리곤 했어요. 흔하지 않은 악기여서 콩쿠르나 발표회에서도 많은 주목을 받았던 것 같아요.

중학교 개교기념일 행사 때 전교생 앞에서 독주를 했었는데 그때 <아리랑>, <도라지> 같은 민요를 연주했었지요. 정말 많이 떨었던 기억이 납니다. 무대에 선다는 것은 무척 긴장되는 일이지만 동시에 나의 재능을 대중 앞에서 당당히 증명하는 무척 의미 있는 일이에요. 어린 나이에 이런 무대 경험을 가진 것은 참 소중한 일이라고 생각해요.

　고등학교 시절은 실기 연마와 학과를 병행하느라 정말 바쁘고 고단했지만 동시에 정말 아름다웠어요. 제가 고등학교에 다닐 당시 국립국악고등학교는 남산 국립극장 바로 옆에 있었답니다. 덕분에 저는 무척 많은 장르의 예술 공연을 쉽게 접할 수 있었어요. 그리고 가을마다 교내 음악회인 <목멱제>를 국립극장 소극장에서 치르곤 했습니다. 저와 친구들은 갈고 닦은 연주 솜씨를 그날 마음껏 뽐냈고, 가족들과 지인들에게 박수와 꽃다발로 칭찬을 받았어요. 참 설레는 일이었어요. 그 후에도 많은 공연무대에 섰지만 풋풋했기 때문일까요? 고등학교 시절의 추억이 가장 아름답게 남아 있어요.

Question 　학창 시절, 장래 희망은 무엇이었나요?

　부모님은 제가 하고 싶은 일을 하라고 늘 말씀하셨어요. 그래도 은근히 꾸준히 공부를 하고, 학위를 따고, 강단에 서기를 바라셨던 것 같아요. 그에 비해서 저는 공부보다는 돈을 벌고 싶었고, 돈을 벌기보다는 엄마가 되고 싶었어요. 저는 아이들을 좋아하고, 아이들이 자라고 성장하는 모습을 바라보며 기뻐하는 사람이거든요. 사람들은 흔히들 엄마는 직업이 아니니까 별게 아니라고 생각해요. 정말 중요한 역할임에도 말이죠. 우리는 지금 모성본능이 많이 사라져 버린 사회 속에서 살고 있어요. 그런 의미에서 엄마는 누구보다 전문성을 갖춰야 하는 사람이라고 생각합니다. 그리고 그런 모성을 필요로 하는 직업, 직군들이 세상에는 무척 많아요. 결국은 부모님의 기대와 저의 성향이 모두 포함된 음악치료사라는 직업을 갖게 되었네요.

Question 음악 전공자로서 대학교 생활은 어떠셨나요?

예술고등학교 출신 대학생들에게 있어서 대학 생활은 사실상 고등학교 시절의 연장선과 같습니다. 같은 고등학교 출신의 선·후배와 동기들이 과의 50% 정도를 차지하고 있기 때문이에요. 예고에서의 교과과정 역시 음대의 커리큘럼으로 그대로 연결되고요. 그래서 새내기에게도 대학 생활은 낯설게 느껴지지 않지요.

대학생이 된 후에는 공강 시간엔 음대 개인 연습실에서 연습도 하고, 교내·외 실기 콩쿠르나 오디션 등을 준비하며 보다 전문적인 연주자의 길을 갈고 닦는 능동적인 태도를 갖게 되었던 것 같습니다. 강압적이지 않으셨던 음대 교수님들은 학생들과 음악에 대한 이야기를 나누는 것뿐만 아니라 사소한 고민도 자유롭게 공유해 주시며 많은 지침을 제시하셨어요.

또, 음대생들은 크고 작은 학교행사에 자주 불려 다니곤 했어요. 작게는 축제나 채플 등의 행사 공연에, 크게는 이화100주년 기념행사나, 교수님의 출판 기념회 등의 무대에 오르기도 했습니다. 음대나 국악과가 없는 타 대학 음악동아리의 사부로서 활동했던 경험도 아주 즐거웠어요. 다른 전공을 가진 타 대학교 학생들과의 교류도 무척 흥미로웠고요.

Question 그 외에 사회인이 되기 전까지

특별히 기억에 남는 활동이나 사건이 있으신가요?

너무 어린 시절부터 가야금만 하고 살았고, 대학에서도 가야금을 전공하다보니 저의 삶은 오로지 가야금과 연관된 일들뿐이었어요. 그러나 일편단심도 가끔은 딴생각을 하곤 하죠. 저는 대학 시절 여러 종류의 아르바이트를 경험했어요. 수입으로 치자면 악기 레슨이 가장 좋았지만 다른 직종에 대한 궁금함을 참을 수가 없었거든요.

그중 가장 기억에 남는 일은 졸업 전에 라이브 콘서트홀 기획실에서 석 달간 인턴으로 일했던 경험이에요. 1996년 당시 대학로에는 'Live' 라는 멋진 공연장이 있었어요. 늘 갖쳐진 무대 위에만 서왔던 저는 무대가 만들어지는 과정이 궁금했습니다. 가수와 매니저가 만나 기획팀과 회의를 하고, 공연 콘셉트를 잡고, 팸플릿과 포스터 공연 티켓을 만들고, 무대 감독님이 무대를 꾸미고, 음향과 조명의 옷이 입혀지는 모든 과정은 그야말로 흥미로웠어요. 저는 포스터를 들고 다니며 벽에 붙이고, 구청에 가서 공연 신고도 해보고, 부스에 들어가서 공연 티켓도 팔고, 관객에게 좌석을 안내하는 등 소위 무대가 만들어지는 뒷바라지를 3달 동안 참 신나게도 했었답니다. 그 시절 대한민국의 잘나가는 라이브 가수들을 모두 만나볼 수 있었다는 것은 그 일이 주는 가장 큰 매력이기도 했고요.

Question   가장 많은 영향을 주신 멘토는 누구인가요?

두 분을 말씀드리고 싶어요. 첫 번째 멘토는 지금은 고인이 되신 고 황병기 교수님이세요. 가야금의 명인이시자 진정한 아티스트시죠. 교수님이 작곡하신 많은 가야금 독주곡을 저는 아주 어린 시절부터 배워왔어요. 황병기 교수님의 곡들은 가야금 연주자들에게 있어서 바이블이나 마찬가지니까요. 어린아이가 연주를 하면서도 참 마음에 드는 곡들이라고 생각했는데, 그만큼 황병기 교수님의 곡들은 순수하고 맑아요. 연주를 하고 있으면 악기도 나 자신도 깨끗해진다는 느낌을 받게 됩니다. 그렇게 그 분의 곡들을 배우고 연주하다가 대학에서 스승님으로 만나게 된 거예요. 마음에만 그리던 슈퍼스타를 현실에서 만나는 느낌과도 같았어요. 그만큼 교수님은 근사한 분이셨습니다. 엄청난 존재감에도 불구하고 교수님은 순간순간 정말 아이처럼 천진하셨어요. 강의 시간에 아무렇지도 않게 들려주시는 일화들은 저희들을 배꼽잡고 웃게 만들었으니까요. 교수님은 특히 제자들과 함께 무대에 서는 것을 좋아하셨어요. 대학 시절 저희는 교수님과 많은 무대를 함께했고, 덕분에 학생 신분으로는 쉽게 벌기 힘든 고액의 알바비도 챙길 수 있었답니다. 교수님의 대표작인 <침향무>는 공연의 단골 레퍼토리였어요. 너무나도 존경했기에 교수님의 부고를 들고 참 많이도 울었던 기억이 납니다. 지금도 저의 영혼에는 교수님의 선율들이 흘러 다니고 있어요.

두 번째 멘토는 김군자 교수님이세요. 지금은 명예회장으로 계시지만 제가 음악치료를 배울 당시 대한음악치료학회의 회장님이셨던 김군자 교수님은 제가 음악치료사의 길로 들어서는 데 가장 많은 영향과 가르침을 주신 고마운 분이세요. 피아노를 전공하고 교육학과 심리학까지 공부하신 우리나라 음악치료 분야의 거장이시죠. 김군자 교수님은 이화여자대학교에 개설된 음악치료강좌에서 처음 뵙게 되었어요. 일흔이 넘는 연세에도 카리스마 넘치는 개성과 열정을 지니신 모습에 반해서 그분께 푹 빠져서 지냈어요. 김군자 교수님은 제 가야금 연주를 무척 좋아하셨어요. 그래서 당신의 치료 현장에 저를 많이 데리고 다니셨습니다. 제가 너무 좋아서 쫓아 다닌 거죠. 덕분에 거장의 치료 모습을 생생하게 지켜볼 수 있었습니다. 엄청난 행운이었죠. 아직 음악치료사가 되기도 전부터 치료 현장에 투입되었던 거나 마찬가지예요. 특히나 가장 상대하기 힘든 반사회성 성격장애, 정신분열(조현병), 편집증, 조울증, 경계성 성격장애, 자기애성 성격장애 등의 이상심리집단을 어떻게 치료하는지를 지켜볼 수 있었습니다. 그 당시의 저는 모든 것들을 스펀지처럼 빨아들였던 것 같아요. 그 현장감을 사랑했거든요. 교수님이 주도하시는 강좌와 프로젝트 워크숍 등에 참여하며 이론과 임상, 더 나아가 저 자신의 내면을 들여다보는 작업을 적극적으로 실천했어요. 교수님은 절 많이 믿어주셨고, 예뻐해 주시며 음악치료사로서의 자신감을 북돋아주셨습니다. 이처럼 훌륭하신 분을 음악치료의 스승님으로 만날 수 있었다는 것에 너무도 감사드려요.

아름다운
가야금 선율로
마음을
위로하다

▶ 아들과 함께 예술마을 헤이리에서 전시회 관람

▶ 가족과 함께한 가을 여행

▶ 김영의홀에서 독주회

음악치료사 이전의 직업은 무엇이었나요?

음악치료사가 되기 전, 저의 직업은 가야금 연주자였어요. 대학교를 졸업한 뒤 저는 십여 년간 관현악단에서 가야금 연주자로 활동했어요. 동시에 학생들 레슨도 꾸준히 했고, 초·중·고등학교의 가야금반 지도 강사로도 다년간 일했습니다. 대부분의 음악전공자들이 밟는 과정이었지요. 많은 도시와 국가를 돌아다니며 연주 투어도 했고, 제가 가르친 학생들이 잘 성장하여 전공자가 되는 모습을 보며 뿌듯해하기도 했습니다. 저는 다른 음악치료사들과는 달리 전문 연주자로서의 경력이 더 긴 편인데, 이때 쌓은 음악적 노하우와 학생들과의 관계, 학부모님들과의 관계 등의 경험은 훗날 치료 현장에서 무척 유익하게 작용했어요.

Question **현재의 직업을 꿈꾸기 시작한 시기와**

계기를 말씀해 주세요.

고등학교 동창 중에 해금을 전공한 친구가 있는데, 그 친구 덕분에 우리나라에서 처음으로 숙명여대 대학원에 음악치료학 과정이 생겼다는 것을 알게 되었지요. 악기 연주도 잘하고 열정적이었던 그 친구가 새로운 분야에 도전하는 모습이 저에게 적잖은 자극을 줬던 것 같아요. 이후 꽤 오랜 기간 동안 저는 저대로 연주자의 길을 걸었지만, 그 친구가 활동하는 모습을 지켜보며 음악치료 분야에 대한 호기심 또한 계속 가지고 있었습니다. 저는 결국 그 친구와는 다른 방식으로 이 분야에 접근하게 되었지만 그때 그 친구가 그런 선택을 하지 않았다면 제가 음악치료라는 분야에 쉽게 뛰어들지는 못했을 것 같아요.

음악치료사가 되고 싶다는 생각은 아이를 낳아 키우면서도 품어왔어요. 천사 같은 아기가 조금씩 자라나서 말을 하고, 개구쟁이 짓도 하고, 또 어느 순간 질문을 하기 시작할 때가 되면 엄마들은 궁금해지기 시작해요. '저 아이는 왜 저런 질문을 할까?', '왜 저 아이는 나랑 이렇게도 다를까?' 처음엔 단지 내 아이와 소통하고 싶다는 욕구가 있었습니다. 내 품에 안겨있던 아기였을 때 안 그랬는데, 크면 클수록 이 아이의 마음을 점점 모르겠는 거예요. 한 가지가 이해되면 이해되지 않는 것은 대여섯 가지였어요. 아이도 답답했겠죠. 그래서 공부를 시작했습니다. 아이를 공부하기 시작했고, 더 나아가 심리학을 공부하게 되었어요. 그리고 그것은 결국 저 자신을 알아가는 과정이기도 했어요. 전공이 음악이었으니 자연스럽게 음악 심리 쪽으로 관심을 갖게 되었고요.

Question 음악치료사가 되기까지의
과정을 설명해 주세요.

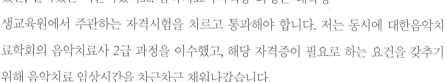

제가 음악치료사가 되기 위해 처음 찾아간 곳은 이화여대 평생교육원 내에 개설된 음악치료사자격증 과정이었습니다. 무엇보다 대한음악치료학회 회장님이 직접 강의를 하신다는 점이 저를 이끌었던 것 같아요. 아니나 다를까 베테랑이신 김군자 회장님의 강의는 풍부한 임상 경험이 녹아 있는, 살아있는 이론이었어요. 음악치료사자격증 과정은 대학평생교육원에서 주관하는 자격시험을 치르고 통과해야 합니다. 저는 동시에 대한음악치료학회의 음악치료사 2급 과정을 이수했고, 해당 자격증이 필요로 하는 요건을 갖추기 위해 음악치료 임상시간을 차근차근 채워나갔습니다.

한편 30사단 우울증 군 장병과 강남성심병원 정신질환환자들을 대상으로 봉사활동을 하였고, 명지병원 예술치유센터, 요양원 등에서도 봉사활동을 하면서 소중하고 유익한 임상 경험을 쌓았습니다. 학회 주체의 세미나와 워크숍에도 참여했고, 게슈탈트음악치료사 워크숍을 통해 게슈탈트음악치료사 2급 자격증을 취득했죠. Keapa(한국표현예술심리상담협회) 예술 통합치료사 과정은 4단계까지 이수하였고, 대한음악치료학회 음악치료사 1급 과정도 1단계까지 이수한 상태입니다.

공부와 수련은 끝이 없어요.

Question 학창 시절 경험과 이전 직업 커리어가
현재의 직업에 어떤 영향을 주었나요?

저의 연주자로서의 커리어는 음악치료사가 되는 데 있어서 무척 환영받는 이력으로 작용했어요. 음악치료 공부를 시작한 무렵, 한 음악치료 교수님은 저에게 이런 말씀을 하셨을 정도였으니까요.

"자네는 그냥 가야금만 연주하면 돼. 그게 치료야. 누군가가 나만을 위해 아름다운 선율을 연주해 주는데 위로받지 않을 사람이 있겠어? 자네는 최고의 무기를 가졌어."

사랑하는 사람이 나와 다정하게 대화도 나누고 눈을 맞추기도 하다가 나를 위한 시를 지어주고, 갑자기 기타를 들고 사랑 노래를 들려준다고 상상해 보세요. 아마 영화 속에서 이런 장면들을 한 번쯤은 봤을 겁니다. 아주 운이 좋은 사람은 직접 경험했을지도 몰라요. 이것이 바로 음악치료예요.

함께 호흡하고 가깝게 느끼며 소통하는 것은 사람에게 큰 쾌감을 안겨줍니다. 연주자로서는 경험할 수 없었던 밀접한 교감을 저는 음악치료사가 되어서 느끼고 있어요. 이건 일종의 카타르시스*(마음속에 억압된 감정의 응어리를 언어나 행동을 통하여 외부에 표출함으로써 정신의 안정을 찾는 일) 같은 거예요.

Question 현재 하고 계신 일, 근무하고 계신 곳을 설명해 주세요

제가 일하고 있는 상담센터는 음악치료, 미술치료, 언어치료, 인지치료 분야로 분류되어 있어요. 장애인과 저소득층을 상대로 한 바우처*(일정한 조건을 갖춘 사람이 교육, 주택, 의료 따위의 복지 서비스를 이용할 때 정부가 비용을 대신 지급하거나 보조하는 제도) 기관이기도 합니다. 저는 주로 청소년들과 성인들, 그리고 보호자들을 대상으로 한 심리 상담을 하고 있습니다.

음악치료는 내담자의 상태나 성향, 음악적 접근성 등에 따라서 다각적인 접근이 가능합니다. 신체 활동을 통해 운동 능력을 향상시키는 것이 치료 목적이라면 악기 연주를

통해 소근육과 대근육의 발달을 유도하는 치료를 할 수 있어요. 음악을 통해 언어 기능을 향상하고 싶다면 상대가 소화해 낼 수 있는 음역대의 발성을 유도하기도 하고, 과거의 향수를 자극하는 노래를 부르게 하거나 들려줌으로써 노인들의 뇌 기능을 활성화하기도 해요. 돌림노래나 끝말이어가기 등 음률 게임을 통해서는 인지능력을 북돋아줄 수 있고요. 이런 경우는 심리 외적인 부분의 치료에 해당됩니다.

심리치료는 다른 방식으로 다가갑니다. 저는 즉흥연주와 G.I.M 기법을 말씀드리고 싶어요. 내담자가 악기를 다룰 수 있는 경우에는 음악치료사와 함께 즉흥적으로 합주를 함으로써 교감을 극대화할 수 있어요. 음악치료사의 즉흥연주가 노련할수록 내담자에게 섬세하면서도 적절한 자세를 취하며 다가갈 수 있어요. 음악치료사는 상대의 소리에 적절히 반응하면서 동시에 최대한 아름다운 소리를 찾아낼 수 있어야 합니다. 함께 만들어 내는 소리나 화성이 조화로울 수 있다면 그 자체가 치료예요. 서로를 이해한 거니까요. 그 순간엔 딱히 말이 필요 없어요. 충분히 느껴지거든요.

G.I.M(Guided Image Music Therapy)은 제가 가장 좋아하는 음악 심리 치료 방법이에요. 음악이 무의식의 흐름을 안내해주는 기법이지요. 이때 사용하는 음악은 일반 음악과는 차별화 돼요. 의식의 흐름을 방해하지 않고 동반해 줄 수 있는 특수 기능을 가진 음악이 사용되는데, 가야금 산조 연주도 아주 효과적이에요. 이때 내담자는 산발적으로 떠오르는 이미지를 말이나 그림으로 표현할 수 있어요. 평소에는 쉽게 접근하지 못했던 내면의 깊숙한 곳을 음악과 함께 여행하는 거죠. 심리치료에 있어서 무의식의 의식화는 아주 중요합니다.

음악치료사들의 일 중에는 보호자 상담도 아주 큰 부분을 차지합니다. 내담자의 문제는 동시에 가족의 문제이기도 하니까요. 특히나 내담자와 보호자 간의 갈등이 깊은 경우에는 보호자 상담만으로도 많은 치료 효과를 볼 수 있어요. 그런 면에서 음악치료사는 내담자뿐 아니라 보호자의 심리에도 깊게 관여하게 돼요.

청소년상담의 경우, 음악치료사는 학교와 직접 연락을 취하기도 해요. 담당 교사나 활동 보조 선생님들과 함께 학생의 학교생활, 교우 관계 등을 체크하게 되는 거죠. 범죄피해 청소년을 대상으로 상담을 하게 되면 범죄피해 학생들을 관리하는 해당 공공기관과의 소통도 필수적이에요. 범죄파일을 전달받고, 그에 해당되는 최대한 많은 정보들을 수집하는 게 좋아요.

음악치료사가 되신 후 맡은 첫 업무는 어떤 것이었나요?

저의 첫 번째 내담자는 노숙인들이었어요. 당시 영등포에 소재한 요셉의원은 가톨릭 재단이었고, 그곳 성당에서는 노숙인들을 위한 음악치료교실을 운영하고 있었어요. 그들과의 첫 만남에서 제가 선택한 곡은 '오빠생각'이라는 우리 동요였어요. 예쁜 가야금 곡으로 편곡된 악보가 있어서 그들 앞에서 연주를 하고 함께 노래했어요.

♪♫
♪♪
"뜸북뜸북 뜸북새 논에서 울고 뻐꾹 뻐꾹 뻐꾹새 숲에서 울 때
우리오빠 말타고 서울 가시면 비단구두 사가지고 오신다더니"

무표정한 얼굴로 성의 없이 앉아있던 그들은 익숙한 멜로디와 노랫말에 노래를 따라 불렀고, 하나 둘씩 훌쩍이기 시작했어요. 훌쩍임은 통곡으로 이어졌고, 그들은 고개를 숙인 채 거칠고 두터운 손으로 얼굴을 가리고 아이들처럼 엉엉 울었어요.

저는 그들의 울음을 닮은 애절한 가야금 곡을 연주하여 그들을 달래 주었어요. 연주를 하는 내내 이상한 기분이었죠. 너무나도 슬픈데 모두가 함께 슬퍼하고 있으니 가슴이 후련한 거예요. 그 슬픈 상황이 무척 감동적으로 느껴졌어요.

무표정했던 그들은 수줍어하며 하나 둘씩 자신의 이야기들을 털어놓았어요. '오빠생각'이라는 곡을 부르며 그들은 자신을 사랑해줬고, 자신이 사랑했던 여인을 생각했다고 하더군요. 그 여인은 어머니이기도 했고, 누이이기도 했고, 딸과 아내이기도 했어요. 그 여인에게 당장 다시 돌아가겠다고 말하는 사람도 있었어요.

그들 앞에서 가야금을 연주할 때, 마치 지음*(마음이 서로 통하는 친한 벗을 비유적으로 이르는 말)을 만난 것 같은 기분이었어요. 고난과 좌절 속에서 치열하게 몸부림치고 있는 그들은 저의 슬픔 역시 가장 잘 이해해주는 사람들이었으니까요. 오랜 기간 동안 연주를 해왔지만 저의 연주를 듣고 그들처럼 오열을 하는 이는 없었어요. 삶과 죽음의 경계에 있는 자들만큼 삶에 진실한 사람은 없어요.

첫 치료는 그렇게 저에게 강렬함으로 남아있답니다. 그때의 강렬함이 없었다면 지금의 저도 없을 거예요. 제가 살면서 느낀 몇 안 되는 특별한 순간이었으니까요. 저는 아마 지금도 그때의 그 기분을 다시 느끼고 싶어서 이 일에 매진하고 있는지도 모르겠어요.

저는 오전 시간에는 주로 심리학 강의와 스터디에 참석하고 있습니다. 치료 업무는 주로 점심시간 이후부터 저녁시간까지 이어져요. 짬짬이 치료 일지를 작성하고, 다음 수업 준비를 위해 치료실을 깨끗이 정리정돈 하는 일도 잊으면 안 돼요. 음악 감상을 좋아하는 내담자를 위해 오디오에 음악 CD를 세팅하고, 가야금 연주를 선호하는 내담자를 위해 악기 조율을 깔끔히 마쳐놓고 기다려야 합니다. 내담자들은 자신을 위해 상음악치료사가 최상의 조건을 갖추고 맞이해주기를 바라고 있습니다. 그게 당연한 거고요. 대화가 필요한 내담자를 위해서는 잔잔하게 흐르는 조용한 음악을 틀어놓고 기다리기도 해요. 치료실의 분위기는 정말 중요해요.

시간을 어기거나 연락도 없이 내담자가 오지 않는 경우가 종종 있어요. 저는 내담자가 시간에 맞춰 치료실에 나오게 만드는 것 역시 음악치료사의 몫이라고 생각하기 때문에 그런 내담자와 약속이 있는 날은 꼭 당일에 연락을 해서 미리 치료 약속을 일러 주고 잊지 않고 가겠다는 확답을 받아요. 의외로 내담자는 그렇게 자신을 꼼꼼히 챙기는 것에 큰 감동을 받습니다.

치료 수업을 마친 후 저녁시간은 주로 가족과 보내지만, 운동을 하거나 산책을 하는 등 저만의 시간을 갖기도 합니다. 저의 작업실에서 혼자 그림을 그리고, 책을 보고, 음악을 감상하는 시간 역시 밤 시간일 때가 많네요. 다음날 스케줄이 부담스럽지 않은 날은 간간히 작업을 하다 밤을 새는 경우도 있어요. 조용한 밤 시간은 저의 집중력이 최고에 달하는 시간이거든요. 좋아하는 것들을 하며 몰입을 하는 시간은 정말 빨리 지나가요.

음악치료사라는 직업의 특이사항이 있다면요?

음악치료사는 짐이 많아요. 물론 치료실에는 악기가 구비되어 있어서 상관없지만, 홈티*(내담자가 원하는 시간에 가정을 방문하여 치료하는 서비스)나 외부에서 치료 의뢰가 들어오면 악기를 모두 챙겨 들고 다녀야 하는 불편함을 감수해야 하지요. 악기는 고가일수록 예쁜 소리가 나지만 이렇게 치료가 거듭되면 악기가 파손되는 일이 자주 있어요. 무척 속상하지만 악기보다 내담자가 우선이니까 결국 악기의 선택은 적정선에서 타협을 보게 되더라고요. 그리고 악기 소리가 옆 치료실에 들리면 방해가 될 수 있기 때문에 음악치료실은 방음벽이 필수입니다. 다행히 저희 센터는 악기가 풍부하게 구비되어 있고, 방음벽 시공도 되어 있답니다.

음악치료사는 개인의 역량에 따라 수입에 큰 차이가 있어요. 그렇다고 무작정 일을 많이 할 수도 없어요. 본인이 감당할 수 있는 케이스와 횟수는 음악치료사 자신이 가장 잘 알 거예요. 나머지 시간은 자기계발과 다른 활동들로 에너지를 보충하는 데 쓰여야 해요.

Question **음악치료사가 되고 나서 새롭게 알게 된 점이 있으신가요?**

새롭게 알게 된 점이라…. 너무 많네요. 평범하지 않은 사람들이 참 많다는 사실, 나보다 더 괴롭고 힘들게 지내는 사람들이 생각보다 많다는 사실이겠지요.

사실 저는 언젠가부터 주변의 시선을 별로 신경 쓰지 않는 사람이 되었어요. 그것은 제 문제가 아닌 상대의 문제란 것을 알고 난 뒤부터죠.

사람들은 자신만의 시각들이 있어요. 그러니 그 기호는 이루 말할 수 없이 천차만별이에요. 그래도 일반적이고 평균적인 기호라는 것이 있으니까 그 입장에서 말씀드릴게요.

일단 음악치료사는 흔한 직업이 아니라서 많이들 신기해합니다. "음악치료사는 뭘 하는 거예요? 정말 독특한 일을 하시네요?" 라는 말을 많이 들었어요. 그들은 섣불리 일과 관련된 대화에 접근하지 못하는 경우가 많아요. 그나마 음악을 좋아하시는 분들은 많이 흥미로워하세요. 그것은 내담자도 마찬가지예요. 음악을 좋아하는 내담자들은 무척 반겨하시며 즐겁게 치료에 임하시니까요.

아주 예전부터 절 알던 분들은 저를 그냥 예전의 저로 대하세요. 음악치료사라는 직함이 있다고 해서 기존의 관계나 시선이 달라졌다는 것은 딱히 못 느껴요. 대신 음악치료사가 된 이후에 절 알게 된 사람들이 재미있어요. 그들은 사석에서도 저에게 상담 비슷한 것을 받고 싶어 하거든요. 쉽게 고민을 털어놓고, 해결책을 의논하곤 합니다. 초롱초롱 뜬 눈은 "날 보살피고 위로해줘. 너에게 케어받고 싶어…" 라고 말하고 있을 때가 많아요. 그럴 때마다 저는 잠시 고민을 합니다. 일반인의 마인드와 음악치료사의 마인드는 사실 다르거든요. 사람들은 물론 각자의 고민들을 안고 살아요. 어떻게 보면 모두에게 음악치료사가 필요한지도 모르겠어요. 하지만 사석에서 만나는 사람들은 내담자들만큼 심각한 도움이 필요한 사람들이 아니에요. 일종의 엄살을 부리는 거죠. 그런 사람들을 볼 때면 저는 장난기가 발동해요. 일상에서의 저는 신랄하고 직설적일 때가 많아요. 상대에게 잘 보이기 위해서 나다운 것을 포기하고 싶지는 않은 거죠. 그런 절 보며 그들은 이렇게 말합니다.

"너 음악치료사 맞아? 음악치료사가 이래도 되는 거야?"

물론 상냥하고 친절하게 고민을 들어주고 위로하고 배려해 주기도 하면서 그러는 거랍니다.

투명한
사람들로 가득 찬
맑은 세상을
꿈꾸다

▶ 치료실에서 함께 음악에 빠져 볼까요?

▶ 내담자와의 즉흥 연주, '타악과 가야금의 만남'

▶ 내담자들이 변화하는 모습을 지켜보며 보람을 느껴요.

음악치료사를 둘러싼 오해와 진실이 있다면 무엇인가요?

음악치료사도 부부싸움을 합니다. 유치할 때도 있고요. 음악치료사도 사람이지요. 저희는 천사가 아니에요. 뭐든지 심리적으로 완벽하게, 완전무결하게 처리하고 살 거라고 생각하지만 음악치료사야말로 속이 많이 시끄러운 사람들이에요. 그저 시끄러운 속을 정리하는 방법을 조금 더 많이 알고 있어서 내성이 생긴 것뿐, 저희도 상담전문가를 찾아가서 상담을 받고 싶을 때가 많이 있어요. 음악치료사야말로 자신보다 노련한 고수를 계속 찾아내서 그들의 위대함을 부지런히 전수받아야 한답니다. 스스로의 문제에서 헤어 나오지 못하고 있다면 누군가를 케어 하기가 힘들어요.

Question **음악치료사로서 느끼는 보람은 무엇인가요?**

내담자들이 변화하는 모습을 지켜보는 것 자체가 보람이에요. 초등학교 5학년 여학생을 치료한 적이 있는데 자신이 하고 싶은 말이 가득 담겨있는 노래를 선곡해 왔더라고요. 음악 앱에서 그 곡을 찾아 함께 감상하면서 저는 그만 눈물이 왈칵 쏟아질 뻔 했어요. '여자친구'라는 아이돌 그룹의 '여름비'라는 노래였는데

찬란하게 빛나던 시간이었다고
맑은 여름비처럼 고마웠다고
한 줄기 빗물처럼 너무 아름다웠던 투명한 우리들의 이야기

가사 속에 자신의 고마움을 담뿍 담아왔더라고요. 그 아이와의 시간들은 정말 투명했어요. 그렇게 있는 그대로의 자신을 예쁘게 바라봐주는 사람을 간절히 기다려왔던 아이였거든요.

Question 삶의 비전은 무엇인가요?

저는 이상주의자예요. 그래서 삶이 허락하는 한도 내에서 제가 살고 있는 이 세상을 최대한 정화시키고 싶다는 원대한 비전을 가지고 있어요. 사람들은 모두가 투명해질 수 있어요. 그리고 그것이 바로 낙원이고 천국이에요.

저는 비행청소년 상담에 주목하고 있지만 더 나아가 범죄자 심리치료로도 범위를 넓히고 싶은 욕심이 있답니다. 많은 심리학자들은 성인이 된 이후의 사람들은 잘 교화되지 않는다고 주장합니다. 하지만 제 생각은 조금 달라요. 어른이 되어도 유연성을 유지하고 있다면 그들은 교화될 수 있어요. 유연한 사고를 하고 있는 범죄자들은 변화가 가능합니다.

Question 삶의 비전을 위해서 어떤 노력을 하고 계신가요?

오래 전부터 음악과 미술이 통합된 예술통합 치료를 시도하고 있습니다. 음악치료를 보다 확장한 거지요. 저는 음악을 들으며 그림을 그리는 예술치료사예요. 음악은 저를 지지해줬고, 그림은 저의 성장 모습을 확인시켜 줬어요. 저에게는 아주 많은 음악 친구가 있어요. 음악 앱을 통해 저는 친구들이 들려주는 다양한 음악을 감상하고 다양한 저의 모습을 그림에 담아냈어요. 그리고 저의 인격적 성장 과정은 모두 그림 속에 있어요. 최대한 쉽고 아름다운 언어로 나만의 이야기를 그림책으로 엮어볼 생각이에요. 성인과 아이들이 모두 보고 이해할 수 있는 심리 그림책을 만들어 보고 싶어요. 이 이야기는 제 이야기임과 동시에 모두의 이야기가 되어 줄 거예요. 공감하고 이해하는 것만으로도 그들은 치료되고 있음을 경험할 거고요. 그 그림들을 한 곳에 모아 개인전을 할 수 있다면 더욱 뿌듯할 것 같습니다.

직업군으로 설명하자면 예술치료사이면서 작가가 되고 싶다고 말할 수 있겠네요.

　가족에게 있어 엄마나 아내가 음악치료사라는 사실은 저를 나눠 쓰고 있다는 기분이 들었을 거란 생각이에요. 내 엄마, 내 아내인데 다른 사람들을 걱정하고 보살피고 있으니 내 사람을 빼앗긴 기분이 들 수도 있을 거예요. 하지만 제가 다른 이들까지 보살피며 더 강해지고 넓어지고 따뜻해지고 있다는 사실과, 편안해지고 자연스러워지고 있다는 것을 그들은 이제 알고 있어요. 깍쟁이 같았던 제가 둥글둥글해지는 과정을 누구보다 가까운 곳에서 지켜본 사람들이에요. 그래서 이제는 받아들이고 인정해주고 있어요. 저라는 사람은 타인과 함께 나눠 써야 더 큰 사랑으로 되돌아오는 사람이라는 것을요.

음악치료사를 꿈꾸는 청소년에게
도움이 될 만한 활동을 추천해 주세요.

크게 두 가지를 말하고 싶어요. 먼저, 관계의 경험이지요. 친구와의 관계, 선생님과의 관계, 부모님·형제와의 관계, 또는 이성친구와의 교제도 아주 중요해요. 두려워하지 않고 자신을 표현하는 타인과의 만남을 꾸준히 가질 수 있다면 좋겠어요. 그것은 앞으로 음악치료사와 내담자와의 관계로 그대로 이어져요. 신뢰를 쌓는 관계, 가식적이지 않는 진솔한 관계를 경험해야 합니다. 힘들고 어려운 관계들이 참 많아요. 그것을 피하기 위해 아이들은 숨거나 감추거나 연기를 해요. 어른들도 다르지 않죠. 물론 그런 기술이 적당히 필요한 순간들도 많이 있어요. 하지만 사실상 버틸 수 있음에도 피하고 숨기는 경우가 정말 많아요. 이겨낼 수 있는데도 아닌 척 하지요. 마음에 안 들어도 좋은 척, 화가 나도 괜찮은 척을 하는 것이 아니라 서로의 진심을 알아주는 건강한 관계를 맺을 수 있는 사람이 단 한 사람만 있어도 관계는 성공한 거예요. 음악치료사 자격증을 가지고 있는 음악치료사는 무척 많습니다. 하지만 그들은 치료 현장에서 거의 대부분이 중도하차하고 말아요. 이유는 관계를 두려워하기 때문이에요. 억지로 유지하는 관계는 스트레스니까요. 스트레스를 버티지 못하면 일이 즐거울 수 없죠. 진정성 있는 관계에 대한 내성이 없다면 음악치료사로 살아가기 힘들어요.

두 번째로는 음악을 즐기기를 바랍니다. 음악을 즐기는 방법은 정말 많아요. 음악은 우리의 생활 속에 정말 밀접하게 스며들어 있어요. 음악이 없는 곳이 더 적을 정도예요. 기왕이면 많은 장르의 다양한 음악을 접해보라고도 말해주고 싶어요. 공부에 방해된다면서 어른들이 말려도 몰래 몰래 기타도 치고 밴드 활동도 하는 친구들이 무척 용감하다고 생각해요. 전문적으로 레슨도 받고, 능숙하게 노래하고 악기 연주를 할 수 있다면 좋겠지만 아무리 음악적 테크닉과 지식이 많더라도 음악을 진심으로 좋아하고 사랑하는 마음이 없다면 그것은 심장이 없는 가슴과도 같아요. 소리에 온기를 심을 수 없죠. 저는 음악치료사이지만 노래를 잘 못해요. 목소리도 작고, 악기만 연주하다보니 노래할 기회는 상대적으로 적었어요. 그래서 저는 노래를 잘하는 사람을 보면 정말 부러워요. 아이돌의 노래를 듣고 따라 부르는 것도 좋지만, 전 중창단이나 합창단 단원으로 활동하기를 정말 추천합니다. 타인과 나의 목소리가 함께 조화를 이루고 어우러지도록 노력을 하는 것은 곧 개인이 조직이나 사회, 타인과의 관계에서 자신을 적절히 드러내고 조절할수 있는 능력과 이어지거든요. 특히나 목소리를 사용하여 음악을 만들어내는 것은 그 어떤 악기를 연주하는 것보다 큰 울림과 감동을 가져다줍니다. 악기뿐 아니라 컴퓨터 미디작업 등을 통해 자신의 음악을 만들어 내는 것도 정말 근사해요. 저는 작곡을 통해 자신만의 개성을 창조해 내는 청소년들도 간혹 봤어요. 음악 감상만 좋아하는 친구들도 있고요. 많은 음악을 들어보고 자신의 스타일을 컬렉션 하는 거죠. 모두 음악치료사가 되었을 때 유익한 활동들이에요.

직업에 대한 막연한 환상은 누구나 있어요. 우리는 멀리서 장점만을 바라보고 선망하던 직업을 선택하지만, 막상 그 일을 시작하면 기대와는 많이 다르다는 것을 느끼게 된답니다. 음악치료사는 자신을 감정적으로 내던질 수 있어야 할 수 있는 일이에요. 내담자들은 음악치료사를 마구 사용합니다. 그걸 견딜 수 있어야 해요. 더 나아가 그런 과정을 즐길 수 있어야 해요. 무던하고 둔해서 견디는 것이 아니라 예민하게 반응하면서 견디는 것을 말하는 거예요. 저는 들판이나 야산에 피어있는 야생화 같은 친구들이 이 일을 했으면 좋겠어요. 편안한 환경에서 곱게만 자라온 온실 속 꽃들 말고요. 제가 음악치료사니까 악기에 비유해서 설명해 볼까요? 악기라고 다 같은 악기가 아니에요. 악기의 울림통이 되는 나무들은 비바람과 눈보라를 버티고도 비틀어지지 않고 옹골지게 자신의 결을 지킨 나무들로 까다롭게 선별돼요. 더 오랜 시간을 버틴 나무로 만든 악기일수록 그 울림은 깊고 큽니다. 우리는 많은 음악들을 들어요. 어떤 음악은 기분을 들뜨게 해주고, 또 어떤 음악은 분위기를 로맨틱하게 만들어주지요. 음악치료사는 마음이 아픈 사람들을 어루만져주는 사람이에요. 당연히 음악치료사가 만들어내는 음악은 아픔을 이해하고 품어주는 음악이어야 하지요. 비바람과 눈보라를 버티고도 자기 자신을 지켜낸 나무처럼 음악치료사도 그러한 울림을 지니고 있어야 합니다. 그것은 함께 울어주며 감동을 자아내는 울림이에요.

그래서 슬픔의 경험, 고통과 좌절의 경험, 멸시 당하고 버림받았던 경험들은 모두 음악치료사의 자산과도 같아요. 스스로 경험하지 않았다면 내담자를 이해하기 힘드니까요.

현실적인 가치보다 이상적인 가치에 대한 갈망이 큰 사람에게 사람들은 흔히들 '아직 철이 덜 들었다', '아직도 꿈을 꾸고 있느냐'라고 말을 해요. 저는 나이가 마흔이 훌쩍 넘었어요. 앞으로 살날이 얼마나 남아있는지는 잘 모르지만 꿈을 꾸고 있다는 사실만은 확실해요. 희망을 버리지 않았으니까요. 아마 죽을 때까지 못 버릴 거예요. 여러분은 아직 어리고 살아갈 날들이 너무도 많이 남아 있습니다. 현실에 적응하는 삶이 아닌 현실을 변화시키는 삶을 살아보라고 말해주고 싶어요. 용감하게요. 사랑을 믿는다는 것은 구원받을 수 있다는 말과도 같아요. 음악치료사라는 직업은 믿음과 사랑, 구원과 관련된 일이에요. 금전적 가치 이전에 일을 통해 얻게 되는 정신적 충만함과 보람은 그 어떤 직업과도 비교될 수 없을 만큼 탁월해요.

좋아하는 것들을 더 많이, 확실하게 좋아하세요. 누구도 흉내 낼 수 없는 나만의 사랑을 표현하세요. 세상에 살고 있는 사람들 중 하나가 아니라 이 세상에 유일한 나 자신을 만들어가세요. 여러분이 그렇게 살아가는 것만으로도 누군가에게 긍정적인 자극제가 되어 줄 수 있습니다.

사람들은 평온을 원하지만 동시에 변화를 꿈꿔요. 타인을 구원하는 동시에 나 자신이 구원받고 있음을 경험하길 바랍니다. 파이팅!

윤리선생님 댁을 찾아가 "선생님, 사람은 왜 살죠?"라고 도발적인 질문을 하던 소녀는 학창 시절 내내 삶의 의미를 찾아 고뇌하고 사색하던 공부 잘하는 아이였다. 대학에서 영문학을 전공하고 철학에 많은 관심을 가진 그에게 시와 문학, 일기쓰기, 그리고 음악과 그림은 삶의 동반자 역할을 해 주었다. 늦깎이 유학생으로 미국에서 영문학을 전공하다가 엄마가 되었다. 육아와 학업을 병행하기란 쉽지 않았지만 공부를 마치고 귀국 후 영문학 교수가 되어 학생들을 가르쳤다.

문학과 글쓰기가 치유의 힘을 가지고 있다고 확신하던 그는 문학치료를 제대로 공부하기 위해 다시 미국을 찾았다. 덴버대학원에서 연구교수가 되어 멘토이자 수퍼바이저 그리고 동료인 애덤스교수에게 수업과 훈련을 받고 문학치료사가 되었는데 이때 그의 나이가 50대였으며, 60대에는 또다시 대학원을 다니며 심리상담사가 되었다.

문학치료사
이봉희 교수

- 미국공인문학치료전문가(CPT)
- 미국공인저널치료전문가(CJT) 및 공인수퍼바이저
- K. Adams의 공인저널치료(R)지도사(CIJTTS)
- 상담심리사(한국상담심리학회)
전)나사렛대학교 영어학과/대학원 문학치료학과 주임교수
현)나사렛대대학원 문학치료학과 명예교수
- 한국글쓰기문학치료연구소 소장
- 영문학박사/상담심리학석사/시인/작가
- NAPT(전미문학치료학회)공식한국대표역임
- 한국문학치료학회 임상부이사
- The Chase Manhattan Bank/중국대사관(대사비서실)
- Univ. of Denver 연구/교환교수
- Univ. of Southern California 대학원 영문과
- 성균관대학교 영문학과
- 가톨릭대 상담심리대학원 상담학과

문학치료사의 스케줄

이봉희
문학치료사의
하루

06:00 ~ 09:00
▶ 출근준비
▶ 출근 후 저널(일기)쓰기
▶ 강의준비/점검

09:00 ~ 12:00
▶ 대학원 수업
▶ 개인상담/문학치료

12:00 ~ 13:00
▶ 점심식사/휴식

13:00 ~ 18:00
▶ 대학원 수업/워크숍준비

18:00 ~ 19:00
▶ 저녁식사/휴식

19:00 ~ 21:00
▶ 집단문학치료워크숍
▶ 번역/기고문 등 글쓰기

21:00 ~ 24:00
▶ 강의준비
▶ 저널쓰기 및 취침

※ 금~일 주말엔 트래킹 등 자기관리와 취미활동

삶의
의미를 찾아
고뇌하던
소녀

▶ 숙명여고 연극 <작은 아씨들>. 사진 가운데가 본인

▶ 대학생 시절, 영문과 교생실습

▶ USC 유학 시절, 딸과 함께

저는 7남매 중 막내였어요. 제게 가장 큰 영향을 준 사람은 어머니와 저보다 18살이나 많은 큰 오빠였고요. 당시 서울에서 S대를 다니던 오빠는 집(청주)에 내려 올 때마다 제게 동화책을 한 보따리씩 사다 주었는데, 그 책을 외우다시피 읽고 또 읽었던 기억이 나네요. 오빠의 방에는 늘 철학책, 시집, 문학전집 뿐 아니라 당시로서 정말 구하기 어려운 수입 명화집이 가득했어요. 전축에서는 고전음악이 흘러나왔고, 벽에는 고흐, 샤갈, 피카소 등의 그림들이 걸려있었죠. 그 방에서 알 수 없는 행복감을 느끼며 자랐던 것 같아요. 고등학교 때도 가끔은 남들처럼 입시준비와 공부를 해야 하는 시간에 베토벤을 듣거나 책상 앞 벽에 걸린 고흐의 그림을 한없이 바라보며 밤을 새기도 한 기억이 나네요.

여름밤이면 마당 툇마루에 엄마의 무릎을 베고 누워 엄마의 옛날이야기들을 듣기도 했어요. 저희 집에 딸이 다섯인데, 엄마는 딸이어서 차별하신 적이 없었어요. 여자는 이래야 한다고 하신 적도 없었고요. 엄마는 살림을 도맡아 하시는 고달픈 일상 속에서도 꽃이나 새, 책읽기를 무척 좋아하셨어요. 틈만 나면 문학 전집을 소리 내어 읽곤 하셨죠. 새벽이면 어느새 들려오는 엄마의 책 읽는 소리, 그리고 라디오 프로그램에서 나오는 클래식 음악이나 명언을 읽어주는 목소리가 늘 저와 함께였고, 아침엔 그 소리에 잠에서 깨곤 했어요.

이런 환경들이 삶의 아름다움에 대한 눈을 뜨게 해준 것 같아요. 그때 저의 꿈은 국문과를 나와서 소설가가 되는 것이었고, 초등학교 때는 교내 글짓기상은 물론 시장상이나 도지사상을 타곤 했던 기억이 나네요.

그리고 6학년 때는 청주에서 서울로 이사를 왔습니다. 사춘기 시절, 친구들은 그 당시 아이돌이라고 부르던 클리프 리처드라는 가수에게 흠뻑 빠져 있거나, 이성 교제 등 다른 소녀다운 관심거리가 많았는데 저 같은 경우는 조금 달랐던 것 같아요. 저의 관심사는 연약한 사람들, 이를테면 나와 같은 나이에 공장에 다니는 여학생들, 버스 차장 옷을 입고 아침 만원 버스에 매달려 승객을 태우는 어린 여학생들, 노인들이었어요.

그때 가장 많이 하신 생각은 무엇인가요?

삶을 왜 사는지, 어떻게 살아야 하는지, 내가 선택한 것이 아닌 삶의 조건들, 삶의 부조리들을 어떻게 받아들여야 하는지를 고민했던 것 같아요.

Question **학창 시절, 기억에 남는 에피소드가 있으신가요?**

제가 다니던 고등학교에는 윤리 과목을 가르치러 오신 대학교 철학 강사 선생님이 계셨어요. 그 선생님은 제가 갖고 있는 삶에 대한 물음에 답을 해주실 수 있을 것 같았죠. 그래서 교무실에서 선생님 댁 주소를 얻어, 서울 지리도 잘 모르는데 낯선 변두리 지역에 있는 선생님 댁으로 찾아갔어요. 한옥 선생님 댁 마당에 서서 선생님을 부르자 그 선생님께서 안방 문을 열고 밖을 내다보셨어요. 저는 90도로 인사를 하고 그 자리에서 나도 모르게 질문을 했어요. "선생님, 사람은 왜 살죠?"라고요. 그 순간, 그 선생님보다 오히려 제가 그런 저 자신에게 더 놀랐던 것 같아요. 저의 질문을 들은 선생님께서는 웃으시면서 들어오라고 하셨죠. 그리고 (나중에 알고 보니 쇼펜하우어의 말이었지만) 사람에게는 살고자 하는 맹목적 의지(will to live)가 있다고 하셨어요. 그런데 그 대답보다 그날 선생님께서 저를 보고 하신 말씀이 요즘엔 더 기억이 자주 나요. "내가 너를 기억한단다. 네가 교무실을 왔다 갔다 할 때, 얼굴에 고통의 빛이 있어서."라는 내용이었어요. 그때는 그런가 보다 했는데, 제가 교수가 되고 강의실에서 학생들을 대하게 되자 그 말의 의미를 알게 된 것 같아요.

제가 학교를 다니던 시기는 중·고등학교가 평준화되기 전이었어요. 그래서 중학교 진학 때부터 고등학교와 대학까지 입시를 봐야 했죠. 대학에 가기 위해선 예비고사를 보고 학교별로 본고사도 치러야 하던 시절이었죠. 당시 소위 상위 3대 학교 중 하나였던 숙명여중고에서는 성적 때문에 대학교에 진학하지 못하는 경우가 없었어요. 어느 대학교를 들어가느냐가 문제일 뿐이었죠. 학생 때 제가 가장 잘하던 과목은 영어였어요. 어쩌다 한두 문제를 틀리는 경우 외에는 늘 만점을 받았는데, 반대로 지리나 역사처럼 암기가 중요한 과목은 잘 하지 못했어요. 특히 몇 번 결석하고 나니 수학은 전혀 따라갈 수도 없게 돼서 제게는 가장 힘겨운 과목이었던 것 같아요. 과외를 받을 형편이 못 되어서 과외를 받지 못했는데, 그러니 수학은 더욱 혼자의 힘으로는 따라갈 수가 없었죠.

또한 당시 학교 교사들에게 국어, 영어, 수학은 물론 과학까지 과외를 받는 친구들이 있었는데 그들과 함께 어울릴 수도 없었어요. 그래서 방과 후에는 외톨이가 되기 일쑤였고 그때 느낀 고독은 자연스레 저에게 철학적으로 사고할 수 있는 시기와 시간을 주었던 것 같아요. 하지만 가난이나 고독이 제 자존감을 낮추거나 저를 주눅 들게 하지는 않았습니다.

오히려 이런 사춘기의 경험 역시 훗날 제가 문학치료사가 되고, 특히 사람들의 아픔에 공감할 수 있도록 준비하는 밑거름이 되었어요. 불행(특히 나의 선택이 아닌 불행)하다고 해서 실패자는 아니라는 걸 알게 해주었죠. 그리고 누군가에게 아프다고 말할 수 있다는 것이 얼마나 중요한지도요. 고등학교 때 읽은 루이제 린저*(1911~2002, 독일의 여류 소설가, 전후 독일의 가장 뛰어난 산문작가로 평가받고 있다.)의 책의 한 구절 "나는 왜 연약하며 도움이 필요하다고 말하면 안 된단 말입니까?"에서 그만 눈물이 나왔던 기억이 나요. 그런데 말

은 때로 오해를 낳기도 하고, 또는 누군가에게 털어놓은 것을 후회하기도 하죠. 그래서 제가 지금 하고 있는 글쓰기 치료가 아주 효과적이고 독특한 치료법이라고 늘 실감하고 있어요.

저는 문학이 좋아서 영문과에 가고 싶었어요. 그렇지만 등록금 때문에 S대를 가야했고, 실력이 모자라 전혀 원치 않는 전공을 선택하다보니 관심도 없었어요. 그리고 불행인지 다행인지 입시에 실패했어요. 그렇지만 지금 생각해 보면 그것은 제게 더 좋은 기회였던 것 같습니다. 당시 2차 대학이던 성균관대 영문과에 수석으로 들어가게 되었고 4년 내내 장학금을 받아서 등록금 걱정도 없었지요. 대학생 때는 영자신문사에서 일하기도 하고, 영어 연극과 아르바이트 등도 병행하면서 정말 열심히 살았던 것 같아요. 졸업할 때는 전체 수석으로 졸업하게 되었는데, 그게 다 제가 원하는 공부를 하고, 또 제가 원하는 방식으로 공부할 수 있었기 때문이라 생각해요.

2차 대학을 들어가고 첫 동창회에 갔었는데, 소위 SKY 대학에 진학하지 못한 것이 너무 부끄러워서 도로 나왔던 기억이 나요. 비가 부슬부슬 내리는 날, 우산도 없이 그 비를 맞으며 집까지 2시간 넘게 걸어가면서 내가 왜 불행하고 슬픈지 생각해 보았어요. 당시 제가 진학에 실패했던 학교는 제가 원하던 학과도 아니었는데 말이죠. 그건 세상이 내가 S대 진학에 실패했기 때문에 나를 실패자로 본다는 생각 때문이었어요. 그때 2시간이 넘도록 내 몸과 마음을 적신 눈물 같은 봄비 속을 걸으며 깨달은 것은, 세상의 잣대가 틀렸다면 내가 세상의 평가를 버리면 된다는 것이었어요. 그리고는 자유를 느꼈죠. 이후엔 오히려 고등학교 때보다 더 일찍, 새벽같이 학교에 갔고 빈 강의실에서 혼자 좋아하는 책을 읽었어요. 이제 나는 어른이고, 내 삶의 주인은 나이며, 내가 책임지는 선택을 하는 것이므로 내 마음의 소리에 귀를 기울이기 시작했어요.

학생들이 학과와 학교를 선택할 때
어떤 조언을 해 주고 싶으신가요?

저는 부모님이나 선생님들의 권유도 중요하지만, 자신의 내면의 목소리에 귀를 기울이고 부모님과 솔직히 대화하면서 전공을 선택했으면 좋겠어요. 헤르만 헤세의《데미안》 첫 페이지에 이런 구절이 있죠. "내 진정한 자아 속에서 솟아나오려고 하는 것, 나는 그것을 살아보려고 했다. 그것이 왜 그토록 어려웠을까?" 내 진정한 내면의 소리와 열정에 정말로 진지하게 귀를 기울여야 해요.

치료사라는 직업도 마찬가지예요. 왜냐하면 저와 같은 여러 예술 분야의 치료사들, 나아가 최선을 다하며 열정을 가지고 열심히 일하는 사람들도 그러한 과정이 없다면 흔들리기 때문이에요. 특히 예술치료사의 경우, 왜 치료사가 되고 싶은지 진지하게 생각해 보면 좋겠어요. 누군가를 돕는 일에는 나의 문제를 해결하고 싶어서 그 전공을 선택하는 것 이상의 전문성이 필요하니까요.

저는 사실 40살에 새로운 대학원에 도전해서 수료를 한 적이 있었어요. (이제 보니 3개의 다른 전공으로 3개의 대학원을 다녔네요.) 현실적인 이유로 택한 전문경영인 과정이었는데요. 그 공부를 하면서 또 한 번 절실히 깨달았습니다. 내가 진정 원하는 것을 해야 내 잠재력을 가장 잘 발휘할 수 있으며, 힘든 상황도 더 잘 이겨낼 수 있다는 것, 그리고 세상에서의 성공 여부와 무관하게 내 삶이 행복할 수 있다는 것을요.

저는 단순히 공부 잘하는 학생, 소위 모범생보다는 삶과 자신에 대한 의문과 싸우고, 자신의 마음의 소리를 듣기 위해 고민하고 답을 찾아가는 청소년과 대학생들에게 더 마음이 갔어요. 그들에게서 성장하기 위해 스스로 싸우는 모습을 보았기 때문인 것 같아요. 생각해 보면 초등학교 때부터 대학교 때까지, 그리고 그 후에 학교에서 영문학을 가르칠 때도 제 친구들이나 학생들, 주변 사람들은 제게 어려운 일이나 가족의 비밀, 자신의 비밀을 제게 털어놓곤 했어요. 저는 상담사가 아니었지만 마치 상담사처럼 힘겨운 이들의 고민과 비밀 이야기를 들어 주는 역할을 했던 것 같습니다. 아마 이런 어려서부터의 삶의 경험들이 이후 영문학을 가르치는 교수가 되었을 때까지도 제 수업방식을 일반 수업과 다르게 했고, 결국 학창 시절에는 예상하지 못했던 심리상담사와 문학치료사의 길을 가도록 이끄는 준비 과정이었는지도 모르죠.

그리고 물론 저는 어려서부터 문학과 글쓰기를 좋아했어요. 일기(저널)도 어려서부터 늘 써왔어요. 가장 힘들었던 시기에는 아마 일 년에 천 페이지가 넘는 글(일기)을 썼던 것 같아요. (정말 안타깝게도 그 일기들을 다 분실하게 되었지만요.) 문학과 글은 삶의 힘든 고비마다, 그리고 아름다운 순간마다, 저를 치유해주고 깨어있게 해 준 치료사였다는 걸 자연스레 알게 되었습니다.

▶ 과거 동아일보에 게재한 칼럼

▶ 미국문학치료학회(NAPT) 컨퍼런스 발표

소통과
공감의 학문,
문학치료

▶ 미국문학치료학회(NAPT) 발표 때 문학치료전공 동창들과 함께

▶ 미국문학치료학회(NAPT) 기쁨의 씨앗상 수상소감 발표

중학교 때는 어려운 가정 형편 때문에 부모님께 의존하고 싶지 않아서 중학교 3학년 때, 1학년 학생에게 영어를 가르치는 일을 했던 기억이 납니다. 그때 도와주신 선생님께 지금도 감사하고 있어요.

고등학교 때는 연극을 하면서 이전까지는 소극적이던 제가 많이 적극적으로 변화한 것 같아요. 연극연습 합숙을 통해서 편식도 고치게 되었고요. 미국대사관 문화원 소속의 영어회화 팀에서 활동하면서 황순원의 《소나기》를 번역하기도 했었죠.

대학 때도 영자신문사 근무 외에 영어연극(연기와 연출) 활동을 했었는데 그때의 경험이 아마 제가 영문학 중에서도 셰익스피어 전공으로 학위를 받게 되는 계기가 된 것일지도 모르겠어요. 그리고 저는 늘 철학에 관심이 있었고, 영문학 외에 모든 선택 과목을 거의 다 철학과 과목으로 선택했어요. 방학 때면 늘 선후배들과 함께 배낭을 메고 산에 가거나 여행을 가기도 했고요.

저는 초등학교 때부터 일기를 쓰는 습관이 있었는데, 그게 바로 저널테라피(글쓰기치료)더라고요. 일상에서 느끼는 내 마음과 느낌을 적는 습관은 직장을 다닐 때도 마찬가지였죠. 직장을 다닐 때는 늘 조금 일찍 출근해서 일단 짧게라도 일기를 쓰고 일을 시작했었어요. 이런 모든 활동들이 제가 문학치료사가 되는 데 큰 도움이 되었다는 걸 이제는 알겠어요. 게다가 저는 시를 무척 좋아해서 시간만 되면 서점에 가서 시집을 고르고 마음에 드는 시 구절을 적어보곤 했었어요. 제 삶에서 시와 문학과 글쓰기(일기쓰기), 그리고 음악(고전음악)과 그림은 늘 저를 치유해 주는 상담사와 친구의 역할을 한 것 같습니다.

▶ 영자신문사 활동 당시 MBC 회장과의 대담 모습

대학 졸업 후에는 어떤 일을 하셨나요?

저는 유학을 가고 싶었어요. 교수가 되고 싶다는 생각보다는 삶에 대한 답을 찾기 위해 공부를 더 하고 싶었죠. 그래서 유학을 가기로 결심했고, 유학비용을 마련하기 위해 4학년 2학기 말부터 록펠러 재단의 은행인 체이스 맨해튼 은행(The Chase Manhattan Bank)과 중국대사관(대사비서실)에서 일을 했어요. 서른이 넘어서야 원하던 유학을 가게되었는데, 제가 공부한 곳은 USC(서던캘리포니아 대학교)예요. 대학원 영문학과에 영어가 외국어인 동양인은 제가 처음이었다고 해요.

그런데 이때 아기가 생겨서 갓난아기와 단둘이 미국에 남아서 유학 생활을 하게 되었고 정말 힘든 시간을 보냈어요. 먼저 한국에 돌아가는 남편과 함께 아기를 한국에 보낼수도 없는 형편이었고, 아기 옆에는 엄마가 있어야 한다는 생각에 아기를 데리고 공부한거죠. 수업을 듣다가 기숙사로 뛰어와서 모유를 먹이기도 하고, 어떤 때는 베이비시터를 구할 수 없어서 아기를 데리고 대학원 수업에 가기도 했었죠. 매일이 자신과의 싸움이던 시간이었어요. 그런 어려움 속에서도 멋지게 자라준 사랑하는 딸에게 그저 늘 미안하고 감사해요.

유학을 마치고 돌아와서는 대학에서 영문학 강사로서 일을 시작했습니다.

유학을 마치고 돌아온 뒤, 대학 강사 시절은 어떠셨나요?

그렇게 원하던 영문학과 유학이었으니까 물론 감사하고 좋았죠. 하지만 어느 때부터인가 문학에서 제가 찾던 답을 찾았다기보다는 내 삶과 마음의 문제와는 조금 무관해 보이는, 지식 위주의 평론과 문학 읽기에 회의감이 들었어요. "그래서 어쩌라고?"라는 생각이 들기도 했었죠. 그러다가 어느 순간 문학을 내 자신의 목소리로 읽기 시작했고, 문학의 내용이 하나씩 그날그날의 내 삶과 연결이 되기 시작했어요. 자연스럽게 강의도 달라지고 학생들의 반응도 달라지기 시작했죠. 심지어 시간강사일 때, 같은 과목을 다른 두 분의 교수님들과 같이 개설했는데 제 수업이 제일 먼저 50명의 인원 마감이 되어서 교무처에서는 이상하게 생각했다고 하더라고요. 제가 그랬던 것처럼 학생들도 머리에만 머무는 인지적 교육이 아니라 우리의 감정·경험과 연결된 문학 수업 방식에 목말랐던 것 같아요.

저의 교육철학은 "우리는 지식을 느끼지 않는다"는 칼 로저스*(1902~1987, 미국의 심리학자, 내담자 중심 상담·인본주의 상담의 창시자이다.)의 교육의 문제점에 대한 지적에 진심으로 동감하고, 지식을 감정과 경험에 연결시키는 통합적 교육이거든요. 이런 수업방식이 결국 많은 학생들이 제가 교수가 아닌 연구실이 없는 시간강사임에도 저를 개인적으로 찾아와 자신들의 고민을 상담하게 하고, 수업 중에 눈물을 흘리거나 편지를 쓰게 한 것이죠. 제가 중고등학교 때, 그리고 대학생 때도 그랬듯이 학생들이 의지할 멘토가 얼마나 필요했으면 그랬을까요? 그리고 그 학생들과 한 명 두 명 시작하다가 나중에는 30명 가까이 제 집에 일요일마다 모여서 같이 공부하고, 대화하고, 개인적으로 상담하는 일을 10년 가까이 하게 되었어요. 특히 집을 떠나 서울에서 자취하는 외로운 학생들을 명절 때가 되면 불러서 함께 송편도 빚고 떡국도 먹었죠. 돌이켜 보면 저는 오래 전부터, 그때는 알지도 못했던 문학치료사와 심리상담사가 되기 위한 길을 한걸음씩 걷고 있었던 것 같아요.

대학 강사 시절을 거쳐 교수가 되셨을 때의 이야기를 들려주세요.

늦은 나이에 대학원을 끝마쳤기 때문에 취업에 어려움이 있었고 긴 강사시절을 보냈지만 강사 시절 동안 참 행복했어요. 그리고 마침내 마흔 넷이라는 늦은 나이에 천안의 나사렛대학교 영어학과 교수가 되었죠. 마침 총장님이 외국인이어서 성별이나 나이에 대한 편견이 없으셨기에 가능했다는 생각이 들어요.

▶ 나사렛대 총장 부부와 함께

재미있는 것은 제가 교수로서 첫 출근을 했을 때, 신임 교수에게 인사하기 위해 여러 명의 학생들이 저를 만나러 왔어요. 그리고 그들 중 한 대표 학생에게서 "저희는 영어를 배우러 왔지 문학을 배우러 이 과에 온 게 아니에요. 저희는 문학을 증오해요."라는 말을 들었어요. 그때 제 기분이 어땠을까요? 서울에서 강의할 때 인기 만점이던 저였는데 실망했을까요? 사실은 정말 기뻤어요. "내가 제대로 찾아왔구나"라는 생각이 들었죠. 그만큼 저는 서울에서의 강의 경험과 학생들과의 소통을 통해서 문학의 치유적 힘, 사람들을 변화시키는 힘에 대한 확신이 있었습니다. 첫 수업 날, 학생들에게 "문학에는 고등학교 때 주입식으로 배운 것처럼 단 하나의 해석이나 정답이 있는 것이 아니다"라고 말해주었죠. 그리고 수업 때마다 학생들에게 작품에 대한 감상평을 써오게 했는데, 감상문을 쓸 때 "개인적이고 정서적인 반응"을 자유롭게 써오라고 했어요. 만일 남의 이야기를 베껴오면 과제점수는 0점이고, 자신만의 생각과 이야기를 써오면 만점이라고 기준을 정확히 알려주었어요(때로 영어가 어려워 내용을 전혀 다르게 오역해서 읽었다 하더라도 말이죠). 물론 수업 때는 객관적으로 문학에 접근하는 법을 강의했지만, 그 전에 반드시 학생들이 자신의 반응과 목소리를 마음껏 표현하고 서로 맘껏 토론을 하게 했어요. 그리고 학생들의 감상평 과제에 매시간 답을 달아주고 공감해주면서 소통하기 시작했죠.

아니나 다를까 수업이 거듭될수록 학생들의 태도와 반응이 변하기 시작했습니다. 많은 학생들이 문학을 통해 마음속에 억압되어 있거나 잠재되어 있던 감정들, 아픔, 상처,

해결되지 못한 문제들을 하나씩 만나고, 자유롭게 안전한 글로 표현하게 되었죠. 자신들의 독특한 생각과 경험이 존중되고 비난받지 않는다는 것을 알게 되자 학생들은 차차 자신들의 목소리를 찾아가게 되고, 자존감도 높아지는 변화가 일어나기 시작했어요. 또한 15년 간 매년 드라마 수업시간에는 영어연극을 공연하고, 학생들은 이런 작업을 통해서 성격이나 대인관계의 변화뿐 아니라 각자의 창의성을 마음껏 발휘하기도 했죠. 이것이 바로 문학치료적인 수업이었다는 걸 나중에 알게 되었어요.

Question 본격적으로 문학치료사의 길을 가게 된 이유는 무엇인가요?

앞에서 말한 20여 년 동안의 문학수업을 통해 경험한 학생들의 변화가 핵심이었던 것 같아요. 심지어 문학을 증오한다고까지 선언했던(얼마나 문학이 어렵게 느껴졌으면 두려워서 그랬을까요?) 학생들이 교실에서 변화하는 모습을 목격하고, 졸업생들의 편지를 받으면서 문학과 글쓰기의 치유적 힘에 대해 확신이 들었어요. 물론 저는 어려서부터 일기쓰기가 가진 치유적 힘을 느끼고 있었지만 제게는 그것이 너무 자연스런 일이어서 미처 깨닫지 못했었거든요.

그래서 교수로서 정년퇴임하기 전에 무엇에 올인할 수 있을까 하고 고민하다가 문학치료라는 학문을 개발해야겠다 생각했어요. 그래서 여러 가지를 알아보다가, 미국에서는 이미 200년 전부터 의사들을 중심으로 병원에서 문학치료가 이루어지고 있었다는 것과 미국이 세계적으로 문학치료와 글쓰기치료가 가장 오래전부터 체계적으로 연구되고 시행된 나라이며 문학치료는 미국에서 학교, 병원, 상담, 복지, 재활, 아동, 심리치료 등 수많은 분야에 정착된 분야임을 알게 되었어요. 그래서 연구년 때 문학치료를 공부하기 위해 J-1(교환교수비자) 비자를 받을 시간적 여유가 없어서 일단 모든 짐을 챙겨 여행 비자로 무작정 미국에 갔어요. 큰 위험을 감수한 거죠.

제가 살면서 깨닫는 것은 모든 조건이 갖추어진 다음에 무슨 일을 하려고 하면 늦는다는 거예요. 간절하면, 내 마음과 열정의 소리에 귀를 기울이고 확신이 서면 용기내서 일을 시작하는 그 과정에서 당연히 생기기 마련인 어려움은 그때그때마다 해결하자는 용기로 살아왔던 것 같아요. 저는 그렇게 간절한 확신과 열망이 있으면 길이 열리는 경험을 많이 해왔어요. 정말 드라마틱한 일들과 인연을 통해 덴버에 정착하고, 덴버대학원 연구교수 비자를 받게 되었죠. 그곳에서 제 멘토이자 수퍼바이저 그리고 동료이며 의자매가 된 K. 애덤스를 만나 수업과 훈련을 받게 되었고요. 모두들 문학치료 하나 배우러 한국이라는 나라에서 날아온 저를 신기하게 생각했어요. 제가 문학치료를 공부하고 문학치료사 자격증을 취득한 최초의 (교포가 아닌) 동양인이었거든요.

 Question 문학치료 유학 시절 겪은 일 중 기억에 남는 일은 무엇인가요?

제가 한국에서 늘 가르치던 방법들이 결국 문학치료적인 수업이었음을 알고 반가웠어요. 공부하러 간 그해, 학회에서 저의 경험에 의한 확신을 가지고 세션을 맡았죠. 미국의 전미문학치료학회(NAPT)는 일 년에 한번 일주일 간 열리는데, 통째로 빌린 큰 호텔에서 열리는 이 학회에는 미국 전 지역에서 모인 수백 명의 사람들이 참여해요. 세션도 수십 개가 되고, 사람들은 참여비를 각각 내고 자신이 들을 수업을 선택해요. 그러니 웬 문학치료사도 아닌 한국 사람의 수업에 누가 등록을 하겠어요. 그런데 호기심으로 참여한 8명의 참여자들이 한결같이 놀라운 반응을 보였어요. 그들과 일일이 악수하면서 "당신 같은 교수가 있으면 내가 당장 그 학교에 가겠다"라는 칭찬을 들었죠. 그 후, 다시 학회에서 발표를 하게 되자 이번엔 수많은 상담사와 교수들이 제 수업에 등록을 해서 정말 좋았어요. 수업 중, 저를 주제로 시를 써서 주신 교수도 있었고 모두 최고점의 평가를 해주어서 감사했죠. 관련해서 저는 미국 전미문학치료학회(NAPT)에서 '기쁨의 씨앗상'을 수상했고 NAPT공식한국대표(Official Representative)도 역임했습니다.

미국에서 자격증을 취득하고 한국에 돌아온 후에는 열심히 활동을 했습니다. 일단 애덤스의 저널치료센터 한국지소인 [한국글쓰기문학치료연구소]를 열었고요. 지금까지 15년 간 12권의 역저서와 수많은 문학치료 논문들, 그리고 기고문과 칼럼 등을 써서 문학치료를 알리기 시작했죠. 학교 수업으로도 벅찬 일정인데 먼 작은 지방도시나 늦은 밤 강의해야하는 곳까지도 마다하지 않고 사명감으로 달려갔던 것 같아요. 취학 전 아동부터 무학 독거노인들까지 모든 연령층을 대상으로, 그리고 언론인들의 클럽이나 로터리 클럽에서, 혹은 교정시설에서, 또는 전국 5개 병원에서 암환자, 장기요양환자, 뇌병변환자 대상 글쓰기문학치료모임을 이끌었죠. 각종 라디오나 TV 등의 매체에 출연하기도 했고요.

하지만 제가 가장 중요시하는 것은 정말 제대로 된 문학치료교육을 하는 것입니다. 개인적인 센터에서 단기간 몇 과목 이수하는 것만으로 문학치료사 자격증을 주는 것이 아니라, 심리상담학 과목들과 함께 문학치료사를 교육할 수 있는 커리큘럼을 갖춘 대학원 교육을 만드는 게 제 꿈이었고, 결국 나사렛대학교에 국내 유일의 (연계전공이 아닌) 단일 전공 문학치료학과를 개설하게 되었어요. 또 저는 더욱 전문성을 확보하기 위해 상담심리대학원에 또 입학하여서 상담심리사 자격증을 취득하고, 학교 학생상담센터에서 많은 경험과 배움을 얻었어요. 그 사이 전문서적이 아닌 일반인을 위한 저서《내 마음을 만지다: 이봉희 교수의 문학치유카페》가 문화관광부선정 우수교양도서로 선정되기도 하였고, 대한민국사회공헌대상(교육부문), 파워코리아대상(신지식인)등을 수상하기도 하였습니다. 대학원에서 열심히 정통 문학치료를 한국에 알리기 위해 열심히 미래의 문학치료사를 교육하고 있습니다.

이미 설명한 대로 문학을 통해 자신들의 이
야기를 할 수 있게 했죠. <일 포스티노>라는 영
화를 보면, 우편배달부가 네루다*(1904~1973, 칠
레의 세계적인 시인, 1971년 노벨문학상을 수상하였다.)
에게 시는 시인이 아니라 읽는 독자의 것이라
고 말하는 장면이 나옵니다. 일차적으로 맞는
말입니다. 그래서 만일 오늘 이 문학작품을 읽

▶ 대학생들의 영어연극 모습

고 그 의미를 이렇게 느꼈다면 그 작품은 지금 내게 이런 의미인 거예요. 그런데 같은 시
(소설, 영화, 일기, 노랫말 등)가 일 년 뒤에 전혀 다른 의미로 내게 다가왔다면 그 시점에서 그
작품은 내게 그런 의미인 거예요. "좋은 시는 내가 성장함에 따라 함께 성장한다"라는
말처럼 말이죠.

특히 글쓰기(수업 중에는 개인의 경험과 느낌을 써오는 감상문 과제)는 자신의 내면의 아픔이나
고통, 스트레스를 털어놓고 정화하는 아주 중요한 치료적 역할을 하죠. 그러나 배출만
한다고 치료가 되는 것은 아니에요. 치료가 되려면 공감이 필요한데, 바로 문학이 공감
을 하게 해주죠. "나는 고통받고 있어요"라고 말하면, 문학은 우리에게 "너만 그런 게 아
냐. 나도 그래"라고 말해주는 이야기들로 가득 차 있어요.

그리고 저는 학생들이 개인적인 감상문을 써올 때, 무슨 말을 쓰든지 열심히 공감하거
나 긍정적인 칭찬을 해줄 곳을 찾아서 답글을 달아주었어요. 보고서의 양이 많고, 수업
도 여러 과목인데 그것들을 매주 다 읽고 대답을 해줘야 하니 정말 너무나 힘든 일이었
지만 학생들에게 정말 큰 힘이 된 것 같아요. 있는 그대로의 자신의 마음과 생각이 공감
받고 존중받는 체험이니까요. 무슨 말을 하든지 상담자가 들어주고 공감해줄 때 치유가
시작되잖아요. 그런 활동들을 제가 10년 넘게 강의실에서 했는데, 학생들이 계속 변해가
고 자신들의 목소리를 찾아가기 시작했어요. 자존감이 높아지고 집중력, 학업성적도 올
랐죠. 친구나 부모님과의 갈등 해결에도 도움이 되면서 관계의 변화가 일어나기도 했고

요. 얼마 전에도 결혼해서 학부형이 된 제자들이 찾아와 함께 읽은 이야기, 함께 본 영화 등 수업 내용을 다 기억하고 이야기하면서 자신들이 얼마나 변했고 성장했는지 부모가 되어보니 더 실감한다는 말을 하더라고요.

문학 수업만으로는 한계가 있어서 학과 과목 중에 문학/저널치료를 통한 감정치료와 관계 문제를 다루는 과목도 개설했는데 정말 많은 변화가 일어났어요. 얼마 전 스승의 날에도 졸업생이 편지를 통해 그 수업에서 받은 도움을 이야기하더라고요. 소극적이고 자존감이 낮던 자신이 이제는 직장 생활에서 자신의 잠재력을 발휘하는 게 놀랍다면서요.

하지만 이 모든 과정이 결코 순조롭지 않았어요. 학생들은 처음엔 시험보기 쉽게 판서해서 정리해 주는 수업에 익숙해 있다 보니, 스스로 생각하게 하고 정서와 접촉하게 하며 토론하고 발표하는 저의 문학 수업 방식이 낯설어서 힘겨워하죠. 저는 수업은 지식을 (더구나 인터넷으로 즉각 접할 수 있는 정보나 지식을) 전달하는 수업이 아니어야 한다고 생각합니다. 부족하지만 저는 앞서 말한 대로 지식이 머리에 머무는 교육에 그치지 않고 각자의 경험으로 느끼는, 살아있는 전인적 교육이 되도록 늘 노력하고 있어요. 한 학기 수업 후 학생들이 단순히 영문학 지식 혹은 문학치료에 대한 학문적 지식이 늘었다기 보다는 자신이 성장했다, 자기 자신과 친구, 가족, 세상을 보는 눈이 달라졌다고 느낀다면 제 수업을 잘 들은 것이라고 생각해요. 학생들에게 가장 많이 듣는 말도 그런 말이고요. 그리고 그런 경우 책을 읽거나 영화를 보거나 해도 전보다 더 깊은 의미를 읽어내는 능력이 생기죠. 사람(자신과 타인, 그리고 삶)을 읽는 힘과 문학을 읽는 힘과 치유의 힘은 서로 연결되어 있어요.

▶ 학생들의 편지

문학치료에 대해 더 자세히 알고 싶어요.
문학치료란 무엇인가요?

　간단히 말하면 심리치료의 한 분야로, 치료적 목적을 가지고 이루어지는 치료사와 내담자(참여자) 사이의 대화에 문학과 글쓰기라는 언어의 힘을 활용하는 방법이죠. 문학치료에서 말하는 문학은 교실에서 이루어지는 문학이 가진 예술적 의미 해석, 교훈적 주제나 책을 통한 교육과 무관해요(그 문학 수업이 인성교육이라 하더라도요). 독서토론이나 독서코칭과는 전혀 다른 심리치료의 영역입니다. 문학, 특히 시는 그 상징성과 이미지를 활용하여 내담자의 마음속에 있는 해결되지 못한 문제나 감정, 고통, 상처, 스트레스 등을 이끌어내는 촉매 역할을 하게 됩니다. 그런 힘을 가진 작품을 선정하는 것이 문학치료사의 중요한 역할 중 하나죠. 특히 문학치료는 말로 하는 상담과 달리 글쓰기치료와 저널치료를 활용하는데, 글이 갖는 독특한 치료적 힘은 의학 영역에서도 인정되고 있습니다. 글쓰기문학치료가 무엇인지 알 수 있는 가장 좋은 방법은 실제 치료워크숍에서 체험에 보는 것이에요. 관심이 있으신 분들은 꼭 한번 제대로 자격을 갖춘 문학치료사의 워크숍에 참여해 보시기를 권합니다.

▶ 문학치료모임

Question 소장으로 계시는 한국글쓰기문학치료연구소에 대해서도 말씀해 주세요.

한국글쓰기문학치료연구소는 문제해결과 치유, 성장을 위해 문학(시와 영화 등 문자 활용 매체)과 글쓰기를 활용하는 심리치료인 '문학치료'와 '저널치료'를 위한 학문적 연구(저술, 논문, 워크숍, 강의) 및 치료 활동을 목적으로 하는 연구소예요. 문학과 글쓰기의 힘을 통해 상처 입은 마음의 치료, 과거의 상처 치료, 관계의 치료, 부적응치료 등을 하고, 스트레스, 열등감, 불안, 강박, 분노, 낮은 자존감 등 여러 심리적 문제를 해결하도록 돕죠. 뿐만 아니라 궁극적으로는 감추어진 내 안의 참 자기를 찾아 실현시킴으로서 잠재력과 창의력을 계발하여 질 높고 풍성하며 창조적인 삶을 살아갈 수 있도록 돕기 위해 만들어졌어요. 글쓰기문학치료 뿐 아니라 상담심리사로서 개인상담도 하고 있습니다.

연구소 활동으로는 2004년 이후 지난 15년 간 12권의 역저서와 수많은 문학치료 논문들을 써서 문학치료를 전하고 교육하는 일을 하고 있습니다. 구체적 활동으로는 취학 전 아동 창의적 글쓰기치료, 중고등학생 대상 문학치료, 인터넷 중독 초등학생·중학생치료, 취약계층 독거노인을 위한 문학치료/회고록 쓰기, 학교폭력 관련 학생 치료, 학부모 교육, 교사대상 연수, 공무원 간부 연수, 기업체 간부 문학치료, 남산클럽 문학치료, 로터리클럽 문학치료, 교정시설 문학치료, 도서관 문학치료, 전국 5개 병원에서 암환자·장기요양환자·뇌병변환자 대상 글쓰기문학치료모임, 인문학특강, 각종 학회 활동, 각종 라디오나 TV 등 매체 출연 등을 하고 있고, 그 외 각종 매체에 기고문과 칼럼을 게재하여 대중들에게도 글쓰기문학치료를 알리는 데 주력하고 있습니다.

저는 아직까지 국내 유일의 미국공인문학치료전문가(CPT)이며 공인저널치료전문가(CJT)/저널치료수퍼바이저입니다. 또한 국내에서 유일하게 합법적으로 애덤스의 [저널치료®] 기법을 교육할 수 있는 저널치료지도사(CIJTTS) 자격증 소지자로서 활동하고 있어요.

한국글쓰기문학치료연구소
www.journaltherapy.org

▶ [한국글쓰기문학치료연구소]의 로고에는 상하고 다친 마음, 깨진 마음이 글쓰기(펜)를 통해 회복된다는(온전한 하트가 된다는) 의미를 담았습니다. 웃는 얼굴로 서로 마주보는 하트는 나만의, 나만을 위한 글쓰기를 통해 내 안에 잠재된 사랑과 창조적 자아를 만나고 회복함으로써 반쪽이던 내가 완전한 하나가 되는 기쁨을 상징합니다.

한국글쓰기문학치료연구소(www.journaltherapy.org)

▶ 나사렛대 대학원생 영어연극 기념 사진

▶ 인천성모병원 문학치료

▶ 트라우마와 문학치료 특강

진정한
나를
찾아가는
여정

문학치료사로서든 아니든, 사는 건 '내가 되어가는' 끊임없는 과정이라고 생각합니다. 다르게 표현하면 '진정한 나를 찾아가는' 끊임없는 여정이죠. 그리고 그 여정은 내가 어떻게 살지에 대한 각자의 가치관과 철학에 따른 '선택'에 달려있다고 생각해요. 내 길만이 옳은 것도 아니지요. 개인적으로 저는 제가 하는 일이 하나의 사명이라고 생각합니다. 그렇기에 더욱 저의 한계를 인식하고 늘 스스로를 성찰하며 공부해야 하죠. 모든 결정을 할 때 나에게 주어질 현실적 이득보다는 이것이 나를 성장시키는 것인지를 생각하려고 노력해요. 그리고 타인에게 선한 영향을 미치며 사는 것을 늘 기준에 두었던 것 같아요.

뒤늦은 나이에 좋은 직장을 그만두고 어려운 유학의 길을 떠났을 때도, 50대에 문학치료를 공부하러 미국에 갔을 때도, 60대에 또다시 새로이 대학원을 다니고 자격증을 취득한 것도, 모두 현실적 성공이 아니라 나의 부족함을 채우고 성장하고자 하는 내면의 자아실현에 대한 열망이 동기가 되었다고 생각합니다. 그리고 이런 자기실현의 과정 속에서 자연스럽게 주변 사람 단 한 사람에게라도 선한 영향을 미칠 수 있다면 정말 감사하겠다고 늘 소망합니다. 직업적으로도 늘 끊임없이 배우고, 진솔하게 느끼고, 삶의 아름다움에 반응하고, 자신을 성찰하고 성장하며 "문학치료사 되어가기"를 꾸준히 계속하는 일, 이게 저의 비전이에요.

그리고 제 전문분야에 대한 꿈도 있죠. 모든 이론은 충분한 시간 동안의 실제 경험으로 검증되지 않으면 안 되기 때문에 섣부르게 책을 내고 싶지 않았어요. 이제는 15년의 강의와 다양한 글쓰기문학치료경험을 바탕으로 문학치료의 이론와 실제에 대한 책을 쓸 때가 된 것 같아요. 사실 제가 정말 쓰고 싶은 책은 전문서적이 아닌 다른 책이지만, 더 늦기 전에 전문서적을 내야 할 사명감을 느낍니다.

그 외에는 미국처럼 전국의 문학치료 관련 각 센터, 연구소 등을 모아 교육체계나 자격증의 통일을 이루는 하나의 협회가 만들어지면 좋겠다는 꿈을 꾸고 있습니다. 해야 할 일과 하고 싶은 일이 모두 정말 많아서 시간이 참 귀하다는 생각이 드네요.

Question 교수님의 비전을 위해서 어떤 노력을 하고 계신가요?

　　모든 직업이 다 힘들지만, 치료사, 상담사의 일은 특히 정서적으로 소진이 많이 되는 직업이에요. 때로는 상처를 받기도 하고, 휘청거리기도 하고, 오해를 감수해야 하는 일도 많습니다. 따라서 자신의 마음을 돌보는 것이 중요합니다. 정서적 지지를 얻도록 사랑하는 가족, 친구들과 더 많은 시간을 보내고, 여행도 하면서 내가 정말 좋아하는 문학, 음악, 미술, 영화 등을 더 많이 즐기려고 노력합니다. 하지만 무엇보다 정서적 소진이나 스트레스를 해결하기 위해서는 저도 늘 글쓰기를 합니다.

　　또한 그동안 많은 일을 하느라 신체적 건강을 돌보기 힘든 삶을 살아왔었기 때문에 요즘은 트래킹, 수면관리 등으로 좀 더 건강관리에 힘쓰려고 합니다.

Question 문학치료사의 커리어에서
다음 단계로 밟을 수 있는 과정은 무엇일까요?

　　교육자가 될 수 있겠죠. 사실 문학치료를 가르칠 수 있는 공인된 수퍼바이저 자격증을 가진 전문가가 너무 부족한 상황입니다. 어디서 취득했는지조차 알 수 없는 자격증으로 치료사나 전문가를 자처하며 활동하는 분들이 많은 현 상황은 안타까워요.

▶ 노인문학치료 안내 포스터

대한민국에서 '문학치료사'로 살아간다는 것은 무엇인가요?

지금은 많이 좋아졌지만 그래도 아직까지 우리나라는 상담문화, 치료문화가 보편화되지 못한 상황입니다. 우리나라에서는 아직 상담이나 심리치료, 문학치료를 포함한 예술치료도 건강보험의 대상이 되지 못하고 있죠.

특히 문학치료는 예술치료 중에서도 국내에 알려진지 15년정도 밖에 되지 않은 분야입니다. 하지만 오히려 그렇기 때문에 가장 밝은 전망의 미래 직업이 될 수 있다고 생각해요. 그리고 문학치료는 종이와 펜만 있으면 특별한 장소나 다른 재료들이 필요 없어서 접근성이 좋고, 어디서나 치료 활동이 가능한 점도 중요한 장점 중 하나라고 생각합니다.

글쓰기문학치료는 심리치료처럼 일할 수 있는 분야가 점점 늘어가고 있지만 공인된 문학치료전문가/수퍼바이저에 의해 자격증 훈련을 받은 문학치료사/수퍼바이저/교육자가 많이 부족한 것 또한 사실인데요. 특히 공인된 자격증에 대한 기준이 통일되지 않아서, 정통적인 이론과 실습, 그리고 슈퍼비전을 통한 훈련과정을 거치지 않은 개개인이 스스로를 치료사 또는 전문가라고 칭하며 자격증을 발급하는 민간기관도 많습니다. 그래서 치료사가 어떤 기관에서 치료사자격증이나 전문가자격증, 그리고 수퍼바이저자격증을 얻었는지 확인해야 해요.

학생들에게 문학치료사로서 한마디 해주신다면요?

청소년기 학생들은 정체성 혼란을 겪는 시기에 있습니다. 내 감정이 통제가 되지도 않고, 아무도 내 진짜 마음을 공감해 주는 것 같지 않아서 참 외롭죠. 자신이 진정 소중하게 여기는 것에 대해 소통할 수 없을 때 인간은 가장 외롭다고 했습니다. 아울러 과도한 경쟁과 쉴 틈 없는 학업 스케줄로 엄청난 스트레스를 짊어지고 있죠. 분노, 무기력, 불안, 수치심, 우울감에 빠지기도 해요.

▶ 청소년 글쓰기치료 결과물

글쓰기문학치료사로서 저는 힘겨운 성장의 시기에 있는 학생들에게 저널(journal/일기) 쓰기를 적극 권합니다. 요즘은 스마트폰으로도 얼마든지 비밀문서를 작성할 수 있어요. 따라서 스트레스를 받거나 힘든 일이 있을 때마다, 선생님이나 부모님, 친구들과의 관계에서 분노나 억울함, 슬픔, 외로움, 수치심 등 버거운 감정을 느낄 때, 무엇보다 누구에게도 말하기 힘든 비밀이 있을 때 안전한 비밀일기장에 토해내듯 하고 싶은 말 실컷 다 털어놓기를 바랍니다. 저널(일기)은 아무 비난도 비판도 없이, 반박이나 충고도 없이 내 이야기를 언제든지, 어떤 내용이든지 들어주고 비밀도 간직해 주는 가장 믿을만한 친구이며 상담사예요. 단, 비밀을 유지하기 어렵다면 일기장에 다 쏟아 낸 후 지워버리면 됩니다.

그리고 문학작품을 많이 읽길 바랍니다. 특히 동서양의 고전 문학을 읽길 권해요. 공부를 위한 독서가 아니라, 문학과 마음을 나누는 즐거운 독서가 되기를 바랍니다. 그리고 시를 가까이 하길 적극 권합니다. 한 미국 시인은 문학/시는 우리가 어떤 외롭고 고통스런 거리에 홀로 서 있든, 누군가는 그 길을 먼저 걸어갔고 그리고 "살아남았다"는 것을 보여주는 것이라 했습니다.

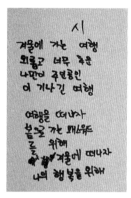

▶ 중학교 2학년 학생이 글쓰기치료 시간에 지은 시

세상에 완벽한 사람은 없으며 우리는 실패와 실수를 통해 성장해요. 도전을 두려워하지 말고 자신만의 목소리를 찾기 위해 노력하시기 바랍니다. 모든 사람에게, 모든 경우에, 사랑받고 인정받을 필요는 없어요. 남의 인정에 목마르기 보다는 스스로를 소중히 여기고 사랑하기 바랍니다. 지금의 시간이 여러분의 생에서 찬란하고 아름다운 시절로 기억되기를 기원합니다.

▶ 그림: 이봉희
　<두 팔로 햇볕을 막아줄게
　　목놓아 울어나 보렴>

예비 예술치료사 아카데미

예술치료 관련 센터 소개

1. 미술치료

길은영 향나무심리센터(www.sweettree.or.kr)

◆ 센터 소개

예술 활동의 치유성과 심리치료의 전문영역이 만나 보다 많은 사람들이 행복해지고 건강한 삶을 찾게 하는 곳입니다.

서울시 종로구 내자동 128-1 대영빌딩 2층
상담시간
- 평일 오전 10시~오후 8시
- 토요일 오전 10시~오후 5시

◆ 하는 일

아동청소년상담
아동과 청소년, 그리고 부모님이 겪고 있는 문제와 어려움을 해결하고자 미술치료와 상담을 진행합니다.

개인상담
내면의 상처와 고통, 부적응 등 개인의 문제를 이해하고 변화할 수 있도록 미술치료와 상담을 진행합니다.

부부상담
부부 간의 갈등을 헤아리고 해결하는 방식 자체에 접근하며 미술치료와 상담을 진행합니다.

부모상담
부모님을 위주로 진행되는 상담으로, 부모자녀의 관계개선을 돕기 위해 부모님 자신을 먼저 돌보는 것에 초점을 맞추고 있습니다.

가족상담
가족 모두가 행복한 삶을 살 수 있도록 가족 모두가, 또는 개인이 겪고 있는 문제를 발견하고 서로에게 자신을 표현하고 대화하는 연습을 합니다.

▶ 다양한 미술 치료 작품이 있는 센터 내부 모습

▶ 내담자와의 미술치료 현장 모습

2. 무용동작치료

한국예술심리치료연구소(www.iapkorea.modoo.at)

서울 마포구 도화동 560 태영데시앙 1612호
상담시간
월~토 오전 9시~오후 6시

◆ 센터 소개

한국예술심리치료연구소 (Institute for Indepth Arts Psychotherapy: IAP Korea) IAP는 심층심리학(Indepth Psychology)을 기반으로 한 예술심리치료를 지향하는 연구소로, 심리치료, 교육, 연구 3가지 영역의 활동을 합니다.

◆ 하는 일

개인 심리치료

유·아동, 청소년, 성인 심리치료로 세분되며, 오센틱 무브먼트(authentic movement)를 통한 개인 분석을 진행합니다.

가족 및 커플 심리치료

부부, 부모, 가족 등 집단 내 상호 의사소통 체계와 상호작용을 살피고, 갈등과 문제를 해결하도록 돕습니다.

집단 심리치료

개인 심리치료를 진행하면서 필요시 집단 심리치료를 연계하거나, 특정한 목표를 가지고 심리치료를 받을 집단을 모집하기도 합니다. 주로 사회적 역량 강화의 목적과 관련이 있습니다.

▶ 심리치료연구소 내부 모습

▶ 무용동작치료에 적합한 센터 내부 모습

3. 드라마심리상담

청자다방 / 한국드라마심리상담협회(www.rolec.co.kr)

서울시 용산구 백범로 87길 54 (원효로 1가 43-13) 3층
상담시간
평일 오전 10시~오후 5시

◆ 센터 소개

극적(심리극, 사회극, 역할극, 매체드라마) 방법과 라이프밸런스 카드로 개인과 사회가 스스로를 책임지고 더불어 살아가기 위한 역할 창조, 사회의 변화와 성장을 지향합니다.

◆ 하는 일

드라마심리상담

개인 및 부부, 부모자녀 등을 대상으로, 성격과 진로, 소통, 그리고 트라우마 치유에 관한 심리상담을 진행합니다.

드라마코칭상담

개인 및 부부, 부모자녀 등을 대상으로, 성격과 진로, 소통, 트라우마를 돌아보고 변화와 성장을 돕는 심리상담을 진행합니다.

드라마퍼실리테이션

가정과 학교, 사회 도처에서 발생하는 폭력을 예방하는 교육, 헌법감수성과 인권감수성 등을 다루는 시민 교육, 갈등중재와 협치, 팀 빌딩 등을 훈련하는 공동체 교육을 포함하고 있습니다.

▶ 드라마심리상담을 진행할 수 있는 센터 내부 모습

▶ 매주 화요일마다 열리고 있는 <화요심리극장>

4. 놀이치료

밝은마음 아동청소년상담센터(www.cafe.daum.net/cheerfulmind)

인천 서구 승학로 497 검암프라자
상담시간
월~금 오전 10시~오후 7시

◆ 센터 소개

심리·정서·발달상의 문제로 적응에 어려움을 겪고 있는 아동, 청소년과 부모 및 가족의 건강한 발달과 성장을 돕기 위한 전문 상담기관입니다.

◆ 하는 일

놀이치료	**미술치료**
아동의 발달을 촉진하는 동시에 심리적인 갈등을 해결하기 위해 놀이라는 매개체를 활용합니다.	아동은 자신의 생각과 감정을 놀이는 물론 미술을 통하여 표현하기도 합니다.

부모상담	**언어치료**
아동의 심리와 발달을 이해하고, 자녀와의 효율적인 의사소통을 통해 건강한 관계를 형성할 수 있도록 합니다.	아동의 언어 발달을 촉진하며, 언어발달지체 및 언어장애를 조기에 발견하여 적절한 치료와 교육을 실시할 수 있도록 합니다.

심리운동치료	**인지치료**
신체의 움직임 및 발달을 촉진하는 운동치료가 심리치료와 결합된 치료로, 심리적 안정과 사회성 향상에 그 목적이 있습니다.	일상생활과 연결된 교육과 교구를 통해 아동의 호기심을 자극하고 자신이 가지고 있는 능력을 발휘할 수 있도록 도와주는 데 목적이 있습니다.

▶ 다양한 놀잇감이 갖춰진 놀이치료실

▶ 놀이치료의 일종인 모래놀이치료를 할 수 있는 모래놀이치료실

5. 음악치료

다솔아동청소년발달센터(www.dasol1.com)

경기 고양시 덕양구 화중로 104번길 28

씨네마플러스 7층 706호

◆ 센터 소개

언어, 인지, 사회, 정서발달과 관련하여 전문적인 치료와 상담으로 아동·청소년·부모에게 실질적인 도움을
제공하는 전문 치료 교육기관으로, 음악치료를 비롯, 언어치료, 놀이치료, 인지치료, 심리상담 등을 진행하
고 있습니다.

◆ 하는 일

대상에 따라 개인상담, 단체상담, 가족상담, 힉부모싱딤 등이 이루어지며, 상담을 번저 진행한 후 악기나 음
악을 통한 음악치료를 진행합니다.

▶ 센터 전경 모습

▶ 가야금이 반겨주는 음악치료실 내부 모습

6. 문학치료

한국글쓰기문학치료연구소(www.journaltherapy.org)

충청남도 천안시 서북구 쌍용동 456

◆ 센터 소개

한국글쓰기문학치료연구소는 CJT-Korea, 즉 미국 저널치료의 최대 권위자인 캐슬린 애덤스Kathleen Adams의 [저널치료센터 The Center for Journal Therapy]의 한국지소입니다. 애덤스의 저널치료 기법을 교육하고 지도사를 배출할 수 있는 국내 유일의 합법적인 기관입니다.

◆ 하는 일

학문적 연구와 보급	집단 및 개인 글쓰기문학치료	지도자 양성과정 운영
미국 NAPT와 IFBPT의 이념과 교육기법에 의한 시치료와 문학치료, '표현적 글쓰기 치료' 등을 연구하고 보급합니다.	집단 혹은 개인 내담자와 글쓰기문학치료를 진행합니다.	캐슬린 애덤스의 [저널치료(R)] 지도자 양성과정을 운영합니다.

그 밖에 개인심리상담을 진행합니다.

▶ 다양한 문학 작품이 함께하는 센터 내부 모습

▶ 어린이 글쓰기 치료

예술치료 관련 대학 및 학과 안내

학과명	대학명	학교종류	지역	설립구분	주야구분	학과특성
예술심리치료 및 상담학과	신한대학교 생활문화대학원 (본교)	특수대학원	경기	사립	야간	일반과정
예술심리치료전공	백석대학교 상담대학원 (본교)	특수대학원	서울	사립	야간	일반과정
예술심리치료학과	전주대학교 (본교)	대학교	전북	사립	주간	일반과정
에술심리치료학과	대전대학교 보건의료대학원 (본교)	특수대학원	대전	사립	야간	일반과정
예술심리치료학과	명지대학교 사회교육대학원 (제2캠퍼스)	특수대학원	서울	사립	야간	일반과정
예술심리치료학과	전주대학교 문화산업대학원 (본교)	특수대학원	전북	사립	야간	일반과정
예술심리치료학과	전주대학교 일반대학원 (본교)	일반대학원	전북	사립	주간	일반과정
통합예술치료과	부산예술대학교 (본교)	전문대학 (2년제)	부산	사립	주간	일반과정
통합예술치료학과	한국열린사이버대학교 (본교)	사이버대학 (대학)	서울	사립	원격	일반과정
통합예술치료학과	광신대학교 대학원 (본교)	일반대학원	광주	시립	주간	일반과정
통합예술치료학과	광신대학교 상담치료대학원 (본교)	특수대학원	광주	사립	주간	일반과정
통합예술치료학과	대구가톨릭대학교 대학원 (본교)	일반대학원	경북	사립	주간	일반과정
통합예술치료학과	대구가톨릭대학교 뷰티·예술대학원(본교)	특수대학원	대구	사립	야간	일반과정

학과명	대학명	학교종류	지역	설립구분	주야구분	학과특성
통합예술치료학과	동덕여자대학교 문화 예술치료대학원 (본교)	특수대학원	서울	사립	야간	일반과정
통합예술치료학과	동덕여자대학교 문화산업예술대학원 (본교)	특수대학원	서울	사립	야간	일반과정
통합예술치료학과	동덕여자대학교 일반대학원 (본교)	일반대학원	서울	사립	주간	일반과정
미술치료학과 (자연)	대구한의대학교 (본교)	대학교	경북	사립	주간	일반과정
미술치료학전공	부산디지털대학교 (본교)	사이버대학 (대학)	부산	사립	원격	일반과정
상담심리학부 (미술치료학)	한일장신대학교 (본교)	대학교	전북	사립	주간	일반과정
임상미술치료전공	선문대학교 상담대학원 (본교)	특수대학원	충남	사립	야간	일반과정
임상미술치료전공	차의과학대학교 미술치료대학원 (본교)	특수대학원	경기	사립	야간	일반과정
임상미술치료전공	차의과학대학교 통합의학대학원 (본교)	특수대학원	경기	사립	야간	일반과정
창의미술치료 협동과정	목포대학교 대학원 (본교)	일반대학원	전남	국립	주간	일반과정
한방미술치료전공	대구한의대학교 (본교)	대학교	경북	사립	주간	일반과정
한방미술치료학과	대구한의대학교 (본교)	대학교	경북	사립	주간	일반과정
미술치료학과	차의과학대학교 (본교)	대학교	경기	사립	주간	일반과정
미술치료학과	한양사이버대학교 (본교)	사이버대학 (대학)	서울	사립	원격	일반과정
미술치료학과	한일장신대학교 (본교)	대학교	전북	사립	주간	일반과정

학과명	대학명	학교종류	지역	설립구분	주야구분	학과특성
미술치료학과	가천대학교 특수치료대학원 (본교)	특수대학원	경기	사립	야간	일반과정
미술치료학과	숙명여자대학교 심리치료대학원 (본교)	특수대학원	서울	사립	야간	일반과정
미술치료학과	신라대학교 사회복지대학원 (본교)	특수대학원	부산	사립	야간	일반과정
미술치료학과	신라대학교 상담치료대학원 (본교)	특수대학원	부산	사립	야간	일반과정
미술치료학과	영남대학교 일반대학원 (본교)	특수대학원	경북	사립	주간	일반과정
미술치료학과	영남대학교 환경보건대학원 (본교)	특수대학원	대구	사립	야간	일반과정
미술치료학과	용인대학교 문화예술대학원 (본교)	특수대학원	경기	사립	주간	일반과정
미술치료학과	우석대학교 경영행정문화대학원 (본교)	특수대학원	전북	사립	야간	일반과정
미술치료학과	원광대학교 보건·보완의학대학원 (본교)	특수대학원	전북	사립	야간	일반과정
미술치료학과	평택대학교 상담대학원(본교)	특수대학원	경기	사립	야간	일반과정
미술치료학과	한양대학교(ERICA) 예술디자인대학원(분교)	특수대학원	경기	사립	야간	일반과정
미술치료학과	한양대학교(ERICA) 융합산업대학원(분교)	특수대학원	경기	사립	야간	일반과정

학과명	대학명	학교종류	지역	설립구분	주야구분	학과특성
대체의학과 미술치료전공	경기대학교 대체의학대학원 (본교)	특수대학원	서울	사립	야간	일반과정
미술치료· 상담심리학과	차의과학대학교 (본교)	대학교	경기	사립	주간	일반과정
미술치료· 아동미술전공	경기대학교 미술·디자인대학원 (본교)	특수대학원	경기	사립	야간	일반과정
미술치료과	세경대학교 (본교)	전문대학 (2년제)	강원	사립	주간	일반과정
미술치료교육전공	가톨릭관동대학교 교육대학원 (본교)	특수대학원	강원	사립	야간	일반과정
미술치료교육전공	백석대학교 교육대학원 (본교)	특수대학원	서울	사립	야간	일반과정
미술치료교육전공	한서대학교 교육대학원 (본교)	특수대학원	충남	사립	야간	일반과정
미술치료교육학과	중원대학교 평생학습대학원 (본교)	특수대학원	충북	사립	야간	일반과정
미술치료전공	건국대학교 디자인대학원 (본교)	특수대학원	서울	사립	야간	일반과정
미술치료전공	건국대학교 예술디자인대학원 (본교)	특수대학원	경기	사립	야간	일반과정
미술치료전공	경기대학교 미술·디자인대학원 (본교)	특수대학원	경기	사립	야간	일반과정
미술치료전공	제주국제대학교 사회복지임상치료대학원 (본교)	특수대학원	제주	사립	야간	일반과정
미술치료학과	광주여자대학교 (본교)	대학교	광주	사립	주간	일반과정

학과명	대학명	학교종류	지역	설립구분	주야구분	학과특성
미술치료학과	대구사이버대학교 (본교)	사이버대학 (대학)	경북	사립	원격	일반과정
미술치료학과	대구한의대학교 (본교)	대학교	경북	사립	주간	일반과정
놀이치료전공	숙명여자대학교 사회교육대학원 (본교)	특수대학원	서울	사립	야간	일반과정
놀이치료학과	대구사이버대학교 (본교)	사이버대학 (대학)	경북	사립	원격	일반과정
놀이치료학과	숙명여자대학교 심리치료대학원 (본교)	특수대학원	서울	사립	야간	일반과정
대체의학과 음악치료전공	경기대학교 대체의학대학원 (본교)	특수대학원	서울	사립	야간	일반과정
음악치료교육전공	중앙대학교 국악교육대학원 (제2캠퍼스)	특수대학원	경기	사립	계절제	일반과정
음악치료교육전공	한서대학교 교육대학원 (본교)	특수대학원	충남	사립	야간	일반과정
음악치료전공	고신대학교 교회음악대학원 (본교)	특수대학원	부산	사립	야간	일반과정
음악치료전공	숙명여자대학교 원격대학원 (본교)	특수대학원	서울	사립	원격	일반과정
음악치료전공	예원예술대학교 문화예술대학원 (제2캠퍼스)	특수대학원	경기	사립	야간	일반과정
음악치료학과	가천대학교 특수치료대학원 (본교)	특수대학원	경기	사립	야간	일반과정

학과명	대학명	학교종류	지역	설립구분	주야구분	학과특성
음악치료학과	경기대학교 문화예술대학원 (본교)	특수대학원	서울	사립	야간	일반과정
음악치료학과	명지대학교 사회교육대학원 (제2캠퍼스)	특수대학원	서울	사립	야간	일반과정
음악치료학과	성신여자대학교 대학원 (본교)	일반대학원	서울	사립	주간	일반과정
음악치료학과	숙명여자대학교 원격대학원 (본교)	특수대학원	서울	사립	원격	일반과정
음악치료학과	이화여자대학교 대학원 (본교)	일반대학원	서울	사립	주간	일반과정
임상음악치료전공	숙명여자대학교 음악치료대학원 (본교)	특수대학원	서울	사립	야간	일반과정
임상음악치료학과	숙명여자대학교 음악치료대학원 (본교)	특수대학원	서울	사립	야간	일반과정
대체의학과 문학 치료전공	경기대학교 대체의학대학원 (본교)	특수대학원	서울	사립	야간	일반과정
문학치료학전공	나사렛대학교 재활복지대학원 (본교)	특수대학원	충남	사립	야간	일반과정
문학치료학전공	부경대학교 국제대학원 (본교)	특수대학원	부산	국립	야간	일반과정

예술치료 관련 도서&영화

도서

데미안 - 헤르만 헤세

주인공은 의도치 않은 잘못으로 불량한 친구에게 혹독하게 시달린다. 그 과정에서 '데미안'을 만나며, '데미안'과의 대화를 통해 온전히 자신만의 길을 걸어가야 함을 깨닫고 그 길을 발견하는 이야기. 성장소설의 대작. 새로운 시각에서 인생을 바라보는 성찰이 돋보인다.

카라마조프가의 형제들 - 표도르 도스토옙스키

러시아 소설의 대가로 칭해지는 도스토옙스키가 자신을 평생 괴롭힌 신과 악마, 선과 악의 두 원리의 모순을 근본적으로 해결하려고 시도했던 야심작. 인간 존재의 본성과 다양한 사회 문제에 대해 작가가 평생 고심한 사고가 집약되어 있다.

융의 영혼의 지도 - 머리 스타인

페르소나, 무의식, 콤플렉스 등을 발견한 분석 심리학의 대가 칼 구스타프 융. 예술치료를 이해하기에 앞서 인간에게 놓인 심리사상을 이해하는 데 큰 도움을 준다.

굿 윌 헌팅

감독: 구스 반 산트
출연: 멧 데이먼, 로빈 윌리엄스, 밴 애플랙

　천재적인 두뇌를 가지고 있지만 어린 시절 받은 상처로 인해 세상에 마음을 열지 못하는 불우한 반항아가 심리학 교수와 함께 시간을 보내며 차츰 상처를 위로받는 이야기.

앤트원 피셔

감독: 덴젤 워싱턴
출연: 덴젤 워싱턴, 데릭 루크, 조이 브라이언트

　상관을 폭행하여 강등된 하사 피셔가 장교와의 상담치료를 거부했지만 마침내 장교의 진심을 느껴 마음을 열고 자신의 얼룩진 과거를 털어놓는 이야기. 피셔의 이야기를 들으며 장교는 인생의 선배로서 현명한 조언과 따뜻한 배려를 아끼지 않는다. 이에 피셔는 상처받은 자아를 회복해 간다.

센과 치히로의 행방불명

감독: 미야자키 하야오

　폐허가 된 현실의 놀이공원이 초현실적인 온천장으로 탈바꿈하면서 치히로의 모험도 시작된다. 부모를 떠나 홀로 난관에 부딪혀 좌절과 아픔을 겪으며 조금이지만 달라진 모습으로 다시 일상으로 복귀할 힘을 얻는 주인공들. 모험의 과정에서 성장에 필요한 참된 마음들을 보여 주는 이야기.

러빙 빈센트

감독: 도로타 코비엘라, 휴 웰치맨

　천재 화가 반 고흐의 작품들이 살아 숨 쉬는 영화. 그의 예술 세계를 통하여 아픔과 고통을 작품에 쏟아낸 아티스트들의 삶을 들여다 볼 수 있다. "나는 내 예술로 사람들을 어루만지고 싶다. 그들이 이렇게 말하길 바란다. '마음이 깊은 사람이구나. 마음이 따뜻한 사람이구나.'"

어거스트 러쉬

감독: 커스틴 쉐리단
출연: 프레디 하이모어, 조나단 리스 마이어스, 케리 러셀, 로빈 윌리엄스

　첫눈에 반한 여자를 놓친 후 음악의 열정을 모두 잃어버린, 매력적인 싱어이자 기타리스트인 남자. 촉망받는 첼리스트였지만 사랑하는 사람과 아이를 떠나보내고 11년을 그리움 속에 살았던 여자. 이들을 음악의 힘으로 연결해 주는 기적 같은 소년의 이야기.

비긴 어게인

감독: 존 카니
출연: 키이라 나이틀리, 마크 러팔로, 에덤 리바인

　오랜 연인이자 음악적 파트너로서 함께 노래를 만들고 부르는 것이 좋았던 그레타와 데이브. 스타가 된 데이브는 그레타와의 사랑을 저버리게 된다. 한편, 스타 프로듀서이지만 이제는 해고된 또 한 명의 남자 댄은 우연히 그레타의 자작곡을 듣게 되고, 아직 순수한 음악의 힘을 믿고 있는 여자의 노래를 제작하는 이야기.

언터쳐블: 1%의 우정

감독: 올리비에르 나카체, 에릭 토레다노

출연: 프랑수아 클루제, 오마 사이

　2주간의 내기로 시작된 상상초월 특별한 동거 스토리. 하루 24시간 내내 돌봐주는 손길이 없으면 아무것도 할 수 없는 전신불구의 상위 1% 백만장자 필립과 가진 것이라곤 건강한 신체가 전부인 하위 1% 무일푼 백수 드리스가 서로가 가진 것으로 서로를 도와 가며 보여주는 우정 이야기.

패치 아담스

감독: 톰 새디악

출연: 로빈 윌리엄스, 모니카 포터

　불행한 가정환경에서 자라 자살 미수로 정신병원에 수용된 주인공. 그러다 동료 환자로부터 영감을 받은 것을 계기로 상처를 치유하는 의사의 꿈을 꾸게 되고, 고군분투하여 마침내 의대에 진학하게 된다. 주인공 패치 아담스는 대학생 신분으로 여러 학칙을 어기며 면허 없이 진료행위를 하고 퇴출 처분에 놓이지만, 결국 그 열정을 인정받고 모든 것을 이루는 이야기.

빌리 엘리어트

감독: 스티븐 달드리

출연: 제이미 벨, 줄리 월터스

　탄광촌에서 사는 주인공은 매일 복싱을 배우러 가는 체육관에서 우연히 발레 수입을 보게 되고, 발레 동작을 따라한다. 그에게서 재능을 발견한 신생님은 특별 수업을 해주게 되고, 신나게 춤을 추던 주인공이 마침내 아버지의 반대를 이기고 춤의 힘과 열정을 보여주는 이야기.

생생 인터뷰 후기

◑ 미술치료사 길은영 교수님

길은영 치료사님을 뵌 건 10년 전, 연세대학교 평생교육원의 한 강의실에서였다. 꿈 많은 대학생 시절, 미술치료를 하는 미술치료사에 매료되어 찾아간 강의였다. 외적인 아름다움과 내면에서 나오는 치명적인 예술적 내공을 가지신 길은영 교수님을 그 때 처음 뵈었다. 강의는 미술치료사가 되고 싶다는 생각이 들게 하는 것은 물론, 내 자신도 치료가 되는 귀중한 시간이었고 그때의 그 만남이 인연이 되어 이번 인터뷰까지 진행하게 되었다. 이것은 마치 계획되어 있는 일처럼 자연스럽고 한편으로는 기적 같이 느껴졌다. 많은 치료 관련 강의들을 들어보았지만 유독 학생들의 사례마다 공감해주고 객관화해주시던 길은영 교수님의 모습은 아직도 생생하다. 공중파 TV나 유튜브를 넘어 치료의 현장에서도 미술치료의 진정성을 열정으로 쏟아내시는 교수님의 인생길을 한 장면, 한 장면 들여다 볼 수 있었던 것은 이번 인터뷰 덕택이었을 것이다. 소중한 이 장면들을 오랫동안 전해질 이 책에 녹여낼 수 있어서 감사하다.

◑ 무용동작심리치료전문가 남희경 교수님

무용동작치료는 생소했던 터라 모든 것이 새로운 채로 남희경 교수님을 뵈러 갔다. 나는 언어를 주로 다루는 직업을 갖고 있어서인지 '무용', '동작'이라는 단어에 동경심이 있었고, 그래서 더욱 기대가 되었다. 인터뷰 중에도 큰 동작으로 춤을 추며 에너지를 내뿜으실 것이라고 예상했지만, 예상과는 다르게 너무나 고요하고 침착한 분위기에서 진행된 인터뷰가 기억에 남는다. 가만히 계셔도 뿜어져 나오는 교수님의 에너지는 오히려 절제된 동작과 표현 속에서 발견할 수 있는 것임을 깨달았다. 또한 내담자의 몸짓을 통해 내면의 심리를 발견해야 하는 무용동작치료사의 자질을, 역동적인 에너지를 응축하고 있는 교수님의 고요함 속에서 발견할 수 있었다. 우리나라는 아직 무용동작치료의 역사가 길지 않은데, 무용동작치료의 고향인 미국에서 겪은 교수님의 치료사 생활 스토리에 푹 빠져 나는 인터뷰 내내 그 현장에 있는 느낌마저 들었다. 우리는 대개 삶 속에서 '몸'의 언어를 파악하는 것이 익숙치 않은데, 무용동작치료는 몸과 정신의 균형을 위해 모든 이가 공부해도 좋을 분야라고 생각되어 나 또한 앞으로가 기대된다.

◐ 드라마심리상담가 최대헌 박사님

인문학에서는 시와 연극이 중요한 분야를 차지하고 있다. 옛 선인들이 작품 속에 녹여낸 여러 시적, 연극적 기법에는 사람에 대한 지혜가 담겨있기 때문이다. 일찍이 청소년들을 위한 진로 강의나 대중매체를 통해 활발히 움직이고 계신 박사님이시기에, 드라마치료와 진로라는 키워드에 어떤 연관성을 두고 일하시는지에 대한 큰 관심과 기대를 품고 최대헌 박사님을 뵈러 갔다. 드라마치료에 걸맞게 연구소에는 많은 가면이 있었고 역할극을 하는 무대도 인상적이었다. 마치 삶의 현장을 3인칭으로 바라보는 느낌이었다. 드라마치료에 걸맞게(?) 드라마틱한 삶을 몸소 체험하며 삶의 드라마를 보여주신 박사님. 우리 삶에는 연습이라는 것이 없기 때문에 자신이 꿈꾸는, 혹은 자신에게 필요한 역할을 연습하고 그것을 개인 혹은 공동체가 바라봐 줄 수 있도록 하는 드라마치료를 통해 더 나은 삶을 추구할 수 있다는 것을 배웠다. 또한 이 모든 예술치료는 깊은 상처와 문제가 있는 내담자만의 것이 아닌, 건강하고 균형 잡힌 삶을 추구해야 하는 우리 모두의 것임을 배웠다. 앞으로의 인생 속에서 나의 삶을 하나의 드라마로 바라볼 때, 늘 기억에 남을 박사님이셨다.

◐ 놀이치료사 홍혜교 소장님

누구나 사회와 세계를 받아들이기 전인 어린 시절엔, 각자의 '놀이'가 자신만의 사회와 세계였다. 이런 '놀이'를 예술치료 도구로 사용하는 놀이치료사님을 뵙기 전, 어린 시절 나는 어떤 놀이를 하던 아이였나 하고 회상에 젖어있었다. 예술치료사라고 하면 '예술'이라는 키워드와 관련된 커리어를 거치며 치료사가 되셨을 것이라고 생각했는데, 홍혜교 소장님이 원래 의사를 꿈꾸었다고 하시는 것에 신선한 충격을 느꼈다. 어릴 적 꿈이 의료 분야였다는 것에 대한 충격이라기보다는, 어린 시절부터 연구하기를 즐겨하고, 과학적 원리와 실험들을 특히 즐거워하던 것이 예술치료와는 어떤 관련이 있을까에 대한 호기심 어린 충격이었다. 이러한 사실들은 예술치료라는 것이 예술적 감각에 민감하고 표현하는 것에만 기능이 치우쳐 있는 분야가 아니라, 충분한 학문적 연구와 성실한 사례 정리 및 끊임없는 공부가 동반되는 고차원적인 분야임을 다시 한 번 깨닫게 되는 계기였다. 그러나 소장님도 어렸을 적 미미 인형 놀이를 좋아하셨다는 사실에 다시 한 번 '안심'을 하고 인터뷰를 무사히 마쳤다. 소장님과 인터뷰를 한 날, 나는 빨리 집에 돌아가서 어릴 적에 많이 보던 책을 읽고, 즐겨 하던 게임을 하고 싶다는 생각이 들었다. 그날은 내 속의 어른과 아이가 소통한, 기억에 남는 날이 되었다. 기회가 되면 소장님께 내가 어린 시절 했던 놀이들을 소개해 드리며 이야기를 나누고 싶다.

➲ 음악치료사 조은경 치료사님

이번 책의 첫 인터뷰 주자였던 조은경 음악치료사님. 모든 인터뷰를 그나마 잘 담아낼 수 있었던 것은 모든 것을 받아 주시던 음악치료사님의 그릇 덕분이 아니었을까 생각해본다. 조은경 음악치료사님의 꿈은 좋은 엄마가 되는 것. 모성본능이 많이 사라진 이 시대에, 가장 중요한 것은 사실 '엄마'로부터 오는 사랑과 존재에 대한 확인임을 다시 한 번 느낄 수 있었고, 좋은 엄마가 되기 위해서는 좋은 엄마가 있어야 한다는 것 또한 느낄 수 있는 시간이었다. 인터뷰를 마친 후, 부모님의 기대와 치료사님 자신의 꿈을 동시에 모두 이룰 수 있었던 음악치료사라는 직업에 대해 생각하다 보니, 예술이라는 것의 근원 또한 결국 우리의 근원인 엄마로부터 온 것은 아닌가 하는 생각이 들었다. 음악의 요소인 소리, 리듬, 음과 같은 것들 자체가 인간에게 직접적으로 끼치는 영향이 생각보다 크다는 것을 깨닫는 한편, 치료사님이 걸어오신 가야금이라는 길의 예술도 만나볼 수 있었던 인터뷰였다. 치료사님이 졸업하신 국악고 근처에서 살고 있는데, 국악고 앞을 지날 때면 치료사님의 운율이 더욱 느껴질 것 같다.

➲ 문학치료사 이봉희 교수님

많은 예술치료사님들을 뵈면서, 그리고 예술치료를 접하면서 결국 우리가 표현할 수 있는 중요한 도구는 언어(말)라는 생각이 들었기 때문에 언어의 의미와 예술적인 측면에 대해 많은 궁금증을 느꼈다. 그래서 언어의 아름다움과 그의 집합인 문학의 힘에 대해 갈증을 느끼고 있을 찰나에 문학치료라는 분야를 알게 되었고, 너무나 감사하게도 우리나라 문학치료 1세대 치료사님이시자, 그 길을 넓히시는 데 온 열정과 전문능력을 발휘하시는 이봉희 교수님과의 인터뷰가 진행되었다. 교수님과의 만남은 마치 지혜가 흘러넘치는 살아있는 고전문학을 만난 것 같은 기분이었으며 황홀함에 취한 나머지 교수님의 많은 콘텐츠를 흘리지는 않을까 하는 걱정을 하며 인터뷰를 마쳤다. 우리 모두가 하는 말은 예술이라는 것을 다시 한 번 느끼며, 많은 독자들이 예술치료인 문학치료의 아름다움과 능력에 대해 배우길 바라고, 또 문학 안에서 자신만의 생각과 삶을 발견하기를 바란다.

예술치료사를 꿈꾸는 독자들에게 보내는 편지

지금까지 예술치료의 길을 터주신 치료사님들의 길을 동행했습니다.

예술치료의 의미부터, 각 예술치료의 특징, 치료사가 되기 위한 과정 등을 살펴보면서 예술치료가 인간에게 미치는 영향들에 대해 이전보다 더 많이 깨닫고, 또 질문이 생겼으리라 생각이 듭니다. 또한 예술치료사님들의 인생 이야기로 덩달아 이 책을 읽는 독자 여러분이 예술치료를 받으며 심신의 회복을 맛보았을 것이라 믿어 의심치 않습니다.

우리는 우리가 생각하는 것 이상으로 사방팔방에서 쏟아지는 무수한 정보와 자극 속에서 살아가고 있습니다. 아름답다고 여겨지는 것들, 더욱 편하고 좋아 보이는 것들 속에서 우리는 진정으로 우리 삶의 필요한 것들을 놓칠 때가 많습니다.《책 읽는 뇌》의 저자 매리언 울프가 이야기했던 것처럼 스마트폰과 각종 미디어의 출몰은 우리 뇌의 회로가 없어질 정도의 강력한 힘을 발휘하여 삶의 아름다움인 예술과 사람들의 사이를 멀어지게 하고 있습니다. 그로 인해 많은 범죄도 일어나고, 사람들 사이에 혹은 자기 자신 안에 상처가 생기기 일쑤입니다. 그런 마음 속 상처를 인지하고, 회복하기 위해 필요한 중요한 수단 가운데 하나가 바로 예술이며, 예술치료입니다. 철학자 니체는 '예술은 살기 위해 진실을 감추는 거짓말'이라고 했을 만큼 예술은 인간을 행복하게 하고 또 직시하게도 합니다.

실제 현장에서 뵌 각각의 예술치료사님들의 삶을 듣고 배우면서 깨달은 것은, 예술이란 것은 멀리 있는 것이 아니라 바로 내 안에 이미 존재한다는 것입니다. 예술치료사가 되기 위해서는 여러 가지 방법을 거칠 수 있겠지만, 우선 예술이 치료의 도구로서 어떻게 사용되는지를 알아야 할 것입니다. 나아가 추상적이고 불분명한 예술의 어감에 담겨 있는 메시지뿐만 아니라 우리가 인지하는 의식 상태를 넘어 무의식 상태를 발견할 수 있고 표현할 수 있는 도구로서의 예술에 우리는 큰 관심을 가져야 할 것입니다.

▶ 칼 융(Carl G. Jung)

우리가 알아야 할 이 모든 예술치료의 근간이 되는 중요한 학자가 있는데 바로 무의식의 자기실현을 평생토록 연구한 스위스의 심리학자 칼 융(Carl G. Jung)입니다. 그는 우리가 의식과 무의식 상태에 대한 개념을 알고 이해하기 위해서 반드시 거쳐야 할, 너무나도 중요한 학자입니다. 이 책에 들어와 다시 나갈 때 우리의 손에는 '칼 융'이 쥐어져 있어야 도움이 될 것입니다. 칼 융이 평생을 바쳐 연구한 '무의식'은 말 그대로 의식이란 것을 받쳐주는, 보이지 않는, 불분명한 그 무엇을 말합니다. 무의식은 사람이 삶을 살아가면서 자기 자신에 대해 인지하기 전에, 감정이나 꿈은 물론, 그림, 놀이, 연극, 음악, 춤, 글쓰기 등의 작업을 통해 은연중에 드러나는 것입니다. 그리고 이와 같은 작업들이 곧 예술치료입니다. 어쩌면 예술치료는 치료라기보다는 인간에게 있어 계속해서 발전시켜 나가야 할 필수적인 분야이기도 합니다.

으레 '하나의 예술작품'이라고 말하는 우리의 생애에서 아픔을 발견하고 회복을 추구하는 예술치료사들의 일은 그 자체로 예술이라는 생각이 들었습니다. 그리고 그것은 여러분이 하게 될 귀한 일들입니다.

칼 융은 무의식에 대해 연구하고 사람들의 내면의 상처를 들여다보는 작업을 이어나가면서, 마침내는 자신의 심리적 아버지와 같은 프로이트와의 결별을 통해 자기 자신이 되어가는 길에 접어들고자 하였습니다. 그때 그가 강조한 것이 있습니다. 그것은 '누구처럼 되는 것'보다 '자기 자신이 되는 것'이 치료사에게 가장 우선시되는 훈련이라는 것이었습니다.

"모든 심리치료자는 자신만의 방식으로 이론을 습득하고 있어야 하지만, 그보다 더 중요한 것은 심리치료자의 인격, 즉 치료자가 먼저 자기 자신이 된다는 사실에 달려 있다. 심리치료에 있어서 무엇보다 중요한 요인은 치료자 자신의 인격이기 때문이다. 이론은 단지 보조의 역할만을 할 뿐이다."　　　　　　　　　　　　　(Jung, 1996, p.88)

진정한 예술치료사가 되는 길은 결국 '자기 자신이 되는 것'이라고 칼 융은 말합니다. 치료사라는 직업은 말 그대로 내담자를 치료하는 길을 걸어야 하기에, 아무리 훌륭한 학위를 갖추고 연구를 한다 해도 치료사 스스로가 자기 자신이 되어보지 못한다면 내담자가 스스로의 길을 가는 것을 돕지 못할 테니까요.

칼 융도 결코 쉽지 않았던 '자기 자신이 되는 길'이었지만, 내담자와 치료자의 입장을 떠나 자기 자신이 되는 길을 가는 것 자체가 치료사에겐 가장 큰 행복이 아닐까 싶습니다.

대한민국, 그리고 세계의 아픔들을 대면하기를 자처하고 용기를 내어 그 길을 가는 여러분이 존경스럽습니다. 많은 치료사님들과 더불어 이 아름다운 여정의 길을 가는 여러분을 늘 기억하고 응원합니다. 예술치료사가 되기 위한 독자 분들의 여정 속에, 내면의 상처를 자기 자신만의 아름다움으로 승화하는 귀한 시간이 함께하기를 바랍니다.

참고문헌

Jung, C. G. (1996). Practice of Psychotherapy, Vol. XVI, The Collected Works of C. G. Jung(G. Adler & R. F. C. Hull, Eds. & Trans.) Princeton, NJ: Princeton University Press.